Jochen König

Mama, Papa, Kind?

W0191778

Jochen König

Mama, Papa, Kind?

Von Singles, Co-Eltern und
anderen Familien

HERDER

FREIBURG · BASEL · WIEN

MIX
Papier aus verantwor-
tungsvollen Quellen
FSC® C083411

© Verlag Herder GmbH, Freiburg im Breisgau 2015
Alle Rechte vorbehalten
www.herder.de

Satz: Barbara Herrmann, Freiburg
Herstellung: CPI books GmbH, Leck

Printed in Germany

ISBN 978-3-451-31274-8

Inhalt

Einleitung

Ein paar Stunden sitze ich im Flur der Geburtsklinik, während Cora und vor allem Marie im Kreißsaal die unermessliche Leistung vollbringen, Lynn ans Tageslicht zu befördern. Etwa zwanzig Minuten nach der Geburt komme ich dazu. Lynn liegt auf Maries Bauch. Mir schießen vor Rührung ein paar Tränen in die Augen. Etwa eineinhalb Stunden nach der Geburt lernt auch Fritzi ihre kleine Schwester kennen. Wir liegen nebeneinander auf dem Bett im Kreißsaal. Allen geht es gut. Alle sind sehr aufgeregt und glücklich. Wir sind nun zu dritt, viert, fünft, sechst – je nachdem, wen wir in welcher Situation hinzuzählen oder auch nicht. Eine kleine Großfamilie. Oder große Kleinfamilie.

Marie ist die leibliche Mutter von Lynn. Ich bin der leibliche Vater. Marie ist nicht meine Partnerin. Und war das auch nie. Lynn ist auch kein Resultat eines One-Night-Stands. Marie und ich haben uns ganz bewusst auf Basis unserer Freundschaft für ein gemeinsames Kind entschieden. Wir wohnen nicht zusammen. Marie wohnt zusammen mit ihrer Freundin Cora. Auch sie ist Lynns Mutter. Ersteinmal lebt Lynn bei Marie und Cora. In ein paar Monaten wollen wir zu annähernd gleichen Teilen für dieses Kind da sein. Fritzi ist Lynns große Schwester, meine Tochter. Mit Fritzis Mutter war ich mal zusammen. Zusammen gewohnt haben wir allerdings auch nie. Seit ihrer Geburt lebt Fritzi überwiegend bei mir. Natürlich gehört auch sie zu dieser Geschichte. Und zu meiner Familie.

Nach der Geburt sind wir alle damit beschäftigt, uns an die neue Situation und die neue Konstellation zu gewöhnen.

Zusammen mit Fritzi besuche ich Lynn, Marie und Cora jeden Tag. Fritzi und ich tragen Lynn umher und schauen ihr beim Schlafen zu. Fritzi ist eine stolze große Schwester. Uns beiden fällt es schwer, uns nach unseren Besuchen von Lynn zu verabschieden.

Soviel in aller Kürze zu meiner Co-Eltern-Patchwork-Regenbogen-Familienkonstellation. Eine ganz normale Familiengeschichte, oder? Noch Fragen? Dann lohnt sich vielleicht das Weiterlesen. Dieses Buch beginnt und endet mit der Geburt und den ersten Tagen mit Lynn und beschreibt unter anderem meinen Weg zu diesem Familienmodell.

Doch erst einmal ein paar Schritte zurück: Familie? Was ist das eigentlich? Das Bild, das vielen Menschen zu diesem Begriff im ersten Moment in den Kopf kommt, unterscheidet sich etwas vom Familienfoto meiner Familie. Auch wenn sich in den letzten Jahren schon einiges getan hat, ist »Mama, Papa, Kind« die vorherrschende Assoziation mit dem Begriff Familie. Genauer: Miteinander verheiratete, heterosexuelle Eltern mit einem oder mehreren leiblichen Kindern werden als Familien verstanden. Doch die Realitäten haben sich verändert. Sie sind dabei, sich rasant zu verändern. Was noch vor wenigen Jahrzehnten scheinbar alternativlos war, ist heute nur noch eine Möglichkeit unter vielen. Von diesen Möglichkeiten handelt dieses Buch.

Konstellationen abseits der Mutter-Vater-Kind-Norm sind häufig mit Stigmatisierungen verbunden. Um Nachteile, Diskriminierung oder manchmal auch einfach lästige, sich bei jeder Gelegenheit wiederholende Nachfragen zu vermeiden, versuchen viele dieser Familien nicht immer auf den ersten Blick und für alle sichtbar mit den Besonderheiten des eigenen Familienmodells erkennbar zu sein. Ich gehe offen damit um, habe kein Problem damit, persönliche Geschichten inklusive meiner Unsicherheiten zu erzählen, und versuche mit ehrlichem Interesse und ohne Vorurteile auch auf andere zuzugehen. Dafür werde ich oft mit großem Vertrauen und einer großen Offenheit meiner Gesprächspartnerinnen und Gesprächspartner belohnt. »Ich erzähle dir das jetzt, weil du mir so offen von deiner Familie erzählt hast. Ansonsten hänge ich es nicht so an die große Glocke«, sagt für mich ganz überraschend eine Arbeitskollegin und beginnt mir von den Besonderheiten ihrer Familienverhältnisse zu berichten. Am nächsten Tag habe ich an der Uni einen fachlichen Austausch mit einer Wissenschaftlerin über Väterforschung. Im Laufe des Gesprächs berichte ich auch von meinen persönlichen Erfahrungen als Vater und damit zusammenhängend meiner neuen Familienkonstellation – und sie erzählt mir vertrauensvoll davon, dass ihr Vater in einer schwulen Beziehung lebt. Am selben Abend bekomme ich eine Mail, in der mir eine Frau schreibt, dass sie auf meinem Blog von Lynns Geburt gelesen hat, dass sie selbst schwanger ist und ein Kind in einer ähnlichen Konstellation bekommt.

Wer meint, solche vermeintlich besonderen Familienkonstellationen fielen kaum ins Gewicht und es handele sich eher um marginale Einzelfälle, sollte sich fragen, woher diese Wahrnehmung kommt. Wer das (eigene) Mama-Papa-Kind-Modell als universelle und natürliche Norm vertritt, wird wesentlich weniger Geschichten über andere erfahren und Abweichungen von der eigenen Voraussetzung viel seltener wahrnehmen. Wer jedoch mehr über die Vielfältigkeit und die heutige Realität von Familien erfahren möchte, muss bereit sein, auch das eigene Familienmodell nicht als Norm, sondern vielmehr als eine Möglichkeit unter vielen

11

gleichwertigen Möglichkeiten des familiären Zusammenlebens zu betrachten.

In diesem Buch geht es also unter anderem um meine Familie; um meine Familiengeschichte. Für dieses Buch habe ich mich aber auch mit unzähligen anderen Eltern und Kindern getroffen. Alle leben unterschiedlich. Die Geschichten und Familien, die im Laufe dieses Buches vorkommen, bilden keinesfalls eine vollständige Vielfalt ab. Ich möchte keine exotischen Familien präsentieren, sondern beschreiben, dass sie alle selbstverständlich Teil unseres Zusammenlebens sind – mitsamt ihrer jeweils besonderen Herausforderungen für die einzelnen Mitglieder und der Ausgrenzungserfahrungen, die für viele zum Alltag gehören. Genauso wie alle anderen habe auch ich nur einen eingeschränkten Blick und manche Modelle fallen wahrscheinlich auch bei mir hinten runter. Es geht mir nicht so sehr darum, verschiedene Kategorien von Familien abzuarbeiten, auch wenn dieses Buch in Teilen anhand ebensolcher Kategorien gegliedert ist. Letztendlich sind alle Familienmodelle auf ihre Weise individuell und es gibt so viele von ihnen wie Familien. Und das müssen wir ernst nehmen.

Drei Fragen sollen durch das Buch führen, von denen ich denke, dass wir sie im Zusammenhang mit dem Thema Familie diskutieren müssen:

Wie sehen Familien heute aus?

Der Begriff Familie ist nicht eindeutig und für alle Zeiten bestimmt. Was wir darunter verstehen, ändert sich ständig. Familien haben sich verändert und sind dabei, sich weiter rasant zu verändern. Die Wahrnehmung davon, was Familie ist, unterscheidet sich nicht nur historisch, sondern sowohl regional als auch kulturell. Allein die kulturellen Unterschiede umfassen eine Reihe von Aspekten, die allesamt Einfluss darauf haben, wie wir Familie verstehen und wie wir zusammenleben: Differenzen zwischen Stadt/Land, Milieus, Ost/West, unterschiedliche Herkunft oder Religion. Das Familienbild ist zusätzlich abhängig von rechtlichen Vorgaben wie beispielsweise der Frage, wer heiraten darf oder Kinder adoptieren und/oder als die eigenen anerkennen lassen darf und wer nicht, sowie von gesellschaftlichen bzw. medialen Trends. Wie wir Familie verstehen, wer dazugehört und welche Konsequenzen sich daraus ergeben, ist sehr individuell. Umso mehr lohnt sich ein genauerer Blick.

Es geht mir keineswegs darum, ein traditionelles Modell abzuwerten, wie auch immer es in der Realität aussehen mag. Einige meiner besten Freunde sind verheiratet, haben Kinder und sind glücklich. Zumindest mehr oder weniger. Es gibt aber viele, die freiwillig oder unfreiwillig eigene Wege gehen. Man kann diese Familien ignorieren oder die Augen offen halten und die Familien und Lebensrealitäten um uns herum beachten. Ich möchte schauen, wie andere ihre Familien organisieren. Ich möchte mir die Zeit nehmen, viele unterschiedliche Leute kennenzulernen. Es ist höchste Zeit, den Blick zu erweitern. Es ist höchste Zeit, die Realitäten anzuerkennen. Wenn wir über Familien sprechen, dürfen wir uns nicht mehr nur an einem Bild orientieren. Bisher werden viele Formen des Zusammenlebens bis an den Rand der Wahrnehmbarkeit gedrängt. Wenn medial über sie berichtet oder diskutiert wird, dann meist als exotische Einzelfälle. Es gibt diese Familien – und zwar mehr als nur vereinzelt. Manchmal muss man nur etwas genauer hinsehen, um sie zu entdecken.

Was wollen wir unseren Kindern vermitteln und vorleben?

Die Debatte um Familien ist auch eine Debatte um Werte. Und eine Debatte darum, welche Werte den zukünftigen Generationen vermittelt werden sollen. Es sei besonders wichtig, Kindern auch heute noch klassische familiäre Werte zu vermitteln, wird häufig betont. Doch was genau sind eigentlich diese Werte? Und wollen wir unseren Kindern wirklich vermitteln, dass es Familien gibt, die mehr wert sind als andere? Dass es Familien gibt, die normal sind, und solche, die nicht normal sind? Wollen wir bestimmten Kindern wirklich erzählen, dass sie aus Familien kommen, die nicht normal sind? Wollen wir Kindern wirklich erzählen, dass sie und ihre Familien von der Gesellschaft, von Gott oder wem auch immer weniger geschätzt und gewollt sind als Kinder aus anderen Familien? Ich bin fest davon überzeugt, dass wir unseren Kindern familiäre Werte vermitteln können, ohne uns an einem einzelnen Familienmodell orientieren zu müssen.

Wie muss die Politik an die veränderten Realitäten angepasst werden?

Wenn sich die familiären Realitäten ändern, muss sich auch die Politik daran anpassen. Bisher orientiert sie sich vor allem am »klassischen« Mutter-Vater-Kind-Modell. Wenn Familienpolitik jedoch ernsthaft Familienpolitik sein möchte und nicht nur Klientelpolitik, dann muss sie sich mit der Vielfältigkeit der Familienformen im 21. Jahrhundert ernsthaft auseinandersetzen. Es ist höchste Zeit, nicht nur unsere Wahrnehmung von Familie, sondern auch unsere Politik an die veränderten Realitäten anzupassen. Dabei kann hier kein vollständiger Maßnahmenkatalog präsentiert werden. Ein paar Aufgaben ergeben sich aber zwangsläufig und offensichtlich aufgrund der vorgestellten Familienkonstellationen.

Wie ich mir meine Familie vorstelle

Ich wollte schon immer eine große Familie haben. In einer meiner vielen romantischen Zukunftsvorstellungen sehe ich mich als Großvater an einem langen Tisch sitzen. Um mich herum essen, spielen und unterhalten sich meine Kinder, Enkelkinder, die jeweiligen Partnerinnen und Partner, die engsten Freundinnen und Freunde und alle, die wir sonst noch in den Kreis unserer Familie aufgenommen haben.

Doch springen wir etwas zurück in der Geschichte; Lynns Geburt liegt noch in ferner Zukunft. Bevor ich die Idee umsetze, meine Familie zu vergrößern, lebe ich seit vier Jahren alleine mit Fritzi. Wir sind eine tolle Familie. Zu zweit. Fritzi hat noch eine weitere Familie. Ihre Mutter und ich haben schon vor Fritzis Geburt zusammen entschieden, dass Fritzi die meiste Zeit bei mir wohnen soll. Obwohl wir zu diesem Zeitpunkt noch ein Paar waren, wollten wir nicht zusammen wohnen. Wir wollten vieles anders machen als die meisten in unserem Umfeld. Wir wollten versuchen, uns trotz Kind weiterhin viele Freiheiten zu erhalten. Wir hatten keine Lust auf eine klassische Rollenaufteilung. Und wir wollten auch nicht aufgrund von gesellschaftlichen und/oder finanziellen Zwängen mehr oder weniger unfreiwillig irgendwann in diese alten Rollenmuster rutschen. Wir wollten auch keinen temporären Rollentausch, bei dem der Vater für ein paar einzelne Monate in Elternzeit geht und die Zeit zu Hause als willkommene, ungewohnte, anstrengende und vielleicht manchmal bereichernde, aber doch eben zeitlich klar begrenzte Abwechslung vom normalen Familien- bzw.

Arbeitsalltag erlebt. Ich war also für zwölf Monate in Elternzeit und Fritzi lebt seit ihrer Geburt die meiste Zeit bei mir.

Ich war nicht von Beginn an ausschließlich mit Fritzi allein und es gab auch Phasen, in denen wir zu dritt viel Zeit als Familie zusammen verbracht haben. Seit der Trennung ihrer Eltern lebt Fritzi nun aber in zwei weitgehend voneinander unabhängigen Haushalten. Von Freitagnachmittag bis Mittwochfrüh ist Fritzi fünf Tage lang bei ihrer Mutter. Von Mittwochnachmittag bis zum übernächsten Freitag ist Fritzi neun Tage lang bei mir.

Mit unserem Modell haben wir es uns nicht unbedingt einfach gemacht. Vor allem in der sehr anstrengenden ersten Zeit mit einer sehr kleinen Fritzi war ich nicht immer glücklich damit und habe mich durchaus manchmal nach einer klassisch-bürgerlichen, heilen Familienwelt gesehnt. Zusammen zu wohnen hätte beispielsweise ab und an einiges vereinfacht. Ich hätte mich dann sicherlich in manchen Situationen weniger alleine mit der ganzen Verantwortung für Fritzi gefühlt.

Wir können uns auch nicht einfach an Vorbildern orientieren. Fritzi ist mittlerweile vier Jahre alt, ich bewege mich mit meiner Rolle in der Öffentlichkeit und trotzdem habe ich noch keine Familie getroffen, die genauso funktioniert wie unsere. Ich bekomme viele Nachrichten von Müttern, die sich in meiner Situation wiederfinden. Ich habe aber noch keinen einzigen anderen Vater getroffen, der von Geburt an überwiegend alleine mit Kind lebt. Ich habe noch keine anderen Eltern getroffen, die sich vor der Geburt dafür entschieden haben, dass das Kind vorrangig beim Vater leben soll.

Familie ist eher kein klassisches Männerthema. Oft sind es die Frauen, die sich mehr Gedanken um ihre Familienplanung machen. Ich habe total Lust auf Familie. Ich mag diese Form der Verantwortlichkeit füreinander, die im Begriff Familie deutlich wird. Ich weiß, dass Familien oft nicht konfliktfrei funktionieren, aber ich mag die Vorstellung, immer für Fritzi da zu sein – egal, was passiert und völlig unabhängig davon, für welchen Lebensweg sie sich irgendwann entscheidet und ob der mir gut oder weniger gut gefällt. Ich mag die Vorstellung dieser Bedingungslosigkeit der Verantwortungsübernahme. Ich mag es, in einem solchen Kontext zu leben. Und ich mag die Herausforderung, die dieser Anspruch an mich selbst in konkreten Situationen mit sich bringen wird.

Die Zeit ohne Fritzi genieße ich aber auch sehr. Ich habe Interessen außerhalb meiner kleinen Familie. Ich freue mich jedes Mal auf die Tage, an denen ich nur für mich sorgen muss. An denen ich einfach so auf der Wiese neben dem Spielplatz vor unserem Haus in der Sonne sitzen kann, ohne dass zwischendurch irgendein Kind irgendetwas von mir will. An denen ich abends das Haus verlassen kann, um Leute zu treffen oder tanzen zu gehen. An denen ich morgens einfach im Bett liegen bleiben kann, wenn ich noch nicht aufstehen möchte. Ich möchte, dass es auch weiterhin solche Tage gibt. Gleichzeitig habe ich den Wunsch nach einer größeren Familie. Und in meiner Vorstellung schließt sich das nicht gegenseitig aus. Im Gegenteil: Umso mehr Menschen beteiligt sind, desto mehr können sich auch die Verantwortung teilen.

So wie ich mir meine Familie vorstelle, haben alle beteiligten Personen ihre eigenen, über die Familie hinausgehenden Interessen und die Kinder und Enkelkinder sitzen nicht nur mit mir um den Tisch herum, weil es von Opa sonst kein Taschengeld gibt. Es ist total in Ordnung, wenn ein

Kind oder Enkelkind lieber in Ruhe ausschlafen möchte, als sich mit mir zum sonntäglichen Mittagessen am großen Tisch zu treffen. So wie ich mir meine Familie vorstelle, braucht niemand ein schlechtes Gewissen zu haben, wenn sie oder er gerade wenig Lust hat, die anderen aus der Familie zu sehen. So wie ich mir meine Familie vorstelle, haben alle Familienmitglieder immer die Möglichkeit, auch unangemeldet vor meiner Tür zu stehen.

Meine Vorstellung von der Zusammensetzung meiner Familie unterscheidet sich in einigen Punkten von der engen Definition, die nur ein Ehepaar mit den eigenen Kindern als Idealbild von Familie begreift. In meiner Vorstellung müssen nicht alle Familienmitglieder miteinander verwandt sein. Und auch Freundschaften und Wohngemeinschaften können sich manchmal wie Familie anfühlen und ähnliche gegenseitige Verantwortungsübernahme mit einschließen. Allerdings ist es nicht so einfach, unter Freundinnen und Freunden eine solche Verbindlichkeit auf Dauer zu etablieren. Freundschaften ändern sich. Wohngemeinschaften gehen auseinander. Beziehungen sowieso.

Gerade habe ich keine passende Partnerin zur weiteren Familienplanung. Nachdem Fritzis Geburt einigermaßen traumatisch verlaufen war, war erstmal klar, dass wir so schnell kein zweites Kind bekommen würden. Insgeheim keimte in mir aber die Hoffnung, dass die Erinnerung an dieses Erlebnis irgendwann verblassen würde. Mit ein paar Jahren Abstand würden wir uns dann vielleicht doch für ein zweites gemeinsames Kind entscheiden können. Zumindest ich hätte mir das mit Fritzis Mutter durchaus irgendwann vorstellen können. Ich war sehr verliebt in sie. Mit Fritzi, unseren Jobs, unserer Paarbeziehung und unseren individuellen Interessen und Bedürfnissen bzw. der uns manchmal unmöglich erscheinenden Vereinbarkeit zwischen diesen vier Lebensbereichen waren wir allerdings mehr als genug beschäftigt, so dass wir nicht wirklich jemals ernsthaft über ein zweites gemeinsames Kind nachgedacht haben.

Doch schon damals hatte ich manchmal den Gedanken, ob es nicht auch möglich sein könnte, Elternverantwortung und Paarbeziehung voneinander zu trennen – also ein Kind mit einer Frau zu bekommen, die nicht meine Partnerin ist. Elternverantwortung und Paarbeziehung erscheinen mir zusammen oft zu viel für nur zwei Menschen. Die Verantwortung für ein gemeinsames Kind erfordert so viel Engagement und Zeit und ist zwischendurch so anstrengend und aufreibend, dass die Paarbeziehung viel zu häufig auf der Strecke bleibt. Eine Zeitlang haben Fritzis Mutter und ich darüber gesprochen, vielleicht mehr gewitzelt, wie es wäre, wenn ich ein Kind mit einer anderen Frau bekäme. Oder sie mit einem anderen Mann.

In der allgemeinen Wahrnehmung scheinen Elternsein und Paarbeziehung jedoch untrennbar zusammenzugehören. Oft wird argumentiert, dass es für ein Kind unglaublich wichtig sei, in sicheren Verhältnissen aufzuwachsen. Aber stehen Paarbeziehungen heute wirklich noch für Sicherheit? Die Zahl der alleinerziehenden Eltern, die Scheidungsrate und die Trennungsgeschichten, die ich in meinem Umfeld miterlebe, erzeugen eher einen anderen Eindruck. Und auch die Beziehung zwischen Fritzis Eltern ging irgendwann trotz aller Bemühungen zu Bruch und mit der Trennung rückte auch mein Wunsch nach einem Geschwisterkind für Fritzi in den Hintergrund und wir alle waren erst einmal mit anderen Themen beschäftigt. Auch wenn wir bis zuletzt nicht zusammengewohnt hatten, dauerte es doch einige Zeit, bis wir uns auseinandersortiert hatten. Mit gemeinsamem Kind ist es einfach unmöglich, sich nach der Trennung mal für eine Zeit aus dem Weg zu gehen, um Emotionen abkühlen zu lassen und sich dann irgendwann später mit ausreichend Abstand wieder auf einer sachlichen und/oder freundschaftlichen Ebene zu begegnen. Stattdessen ist sofort nach der Trennung ständig irgendwas zu besprechen oder zu klären, Übergaben sind zu organisieren und zusätzlich muss das Ganze noch irgendwie dem Kind erklärt werden.

Eine Weile nach der Trennung wird der Wunsch nach einem zweiten Kind bei mir wieder stärker. Und auch Fritzi fragt mich von Jahr zu Jahr ungeduldiger: Wann bekomme ich denn nun endlich mein Geschwisterkind? Viele von Fritzis Kindergartenfreundinnen und -freunden haben kleine Geschwister. Die meisten von ihnen sind zwei oder drei Jahre jünger als ihre großen Schwestern und Brüder. Manche der Eltern diskutieren mittlerweile schon darüber, ob nun nach zwei Kindern Schluss ist oder ob sie nicht vielleicht sogar noch ein drittes Kind möchten.

Eigentlich hatte ich nicht vor, zwanzig Jahre meines Lebens damit zu verbringen, für kleine Kinder verantwortlich zu sein. Ob ich in fünf Jahren noch ein zweites Kind bekommen möchte, weiß ich nicht so genau. Fritzi wird dann in die Schule gehen und sich selbstständig mit Freundinnen und Freunden verabreden können. Will ich dann wirklich nochmal damit anfangen, Windeln zu wechseln und nachts aufzustehen, um eine Milchflasche anzurühren? Die Frage nach einem Geschwisterkind für Fritzi stellt sich also eigentlich ganz konkret jetzt, solange Fritzi noch nicht ganz so alt ist. Und wenn ich wirklich demnächst ein zweites Kind bekommen möchte, muss ich anfangen mich darum zu kümmern und mir überlegen, wie ich das Ganze angehe, und kann nicht darauf warten, dass es sich vielleicht irgendwann in meinem Leben nochmal einfach so ergibt.

Während der Recherche zu diesem Buch bin ich also auch persönlich auf der Suche nach der Möglichkeit, ein Geschwisterkind für Fritzi zu bekommen.

Worum es eigentlich geht

Familie ist kein statisches Modell

Der Begriff Familie leitet sich vom lateinischen Wort *familia* ab. Das bezeichnete im alten Rom jedoch nicht das, was wir heute unter Familie verstehen. Zur *familia* gehörten nicht nur die engen Verwandten, sondern die gesamte Hausgemeinschaft, praktisch der gesamte Besitz eines Mannes: Frau, Kinder, Sklaven und wer darüber hinaus sonst noch auf Haus und Hof unter dem Familienoberhaupt lebte. In den letzten 2.000 Jahren hat sich einiges verändert. Die gesellschaftlichen Veränderungen, Revolutionen, Kriege, wissenschaftliche Erkenntnisse, technologische Entwicklungen, der kulturelle Austausch, Religionen und Ideologien der letzten zwei Jahrtausende hatten und haben Einfluss auf das Zusammenleben der Menschen und damit auch auf den Begriff und die Ausgestaltung der Familie und alles, was in unserem heutigen Verständnis dazugehört: Partnerschaft, Liebe, Sexualität, Ehe/Scheidung, Kinder, Erziehung, Arbeitsteilung, um nur ein paar Stichworte zu nennen. All diese Faktoren unterliegen einem ständigen Wandel.

Gerade beim Thema Familie haben viele Menschen jedoch ein großes Bedürfnis, eine allgemeingültige Vorstellung von Normalität zu etablieren. Ein Bedürfnis danach zu definieren, was normal zu sein hat und was nicht. Argumentiert wird mit Tradition, Moral, Gott oder Natürlichkeit. Wer ein bestimmtes Familienkonzept als normal definiert, macht jedoch in aller Regel nichts anderes als Politik auf Kosten von Familien, die von diesem Bild abweichen. Trotz des großen Bedürfnisses, Normalität zu definieren, hat es eine solche nie über einen längeren Zeitraum gegeben. Das Familienbild unterliegt historisch ständigem Wandel. Dabei ist das, was viele Menschen unter einer traditionellen oder »normalen« Familie verstehen, gar nicht so traditionell, sondern hat seinen Ursprung im 19. Jahrhundert und ist mit Blick auf die Menschheitsgeschichte eine eher neue Erfindung. Komischerweise wird in anderen Bereichen gar nicht erst mit dem Begriff Tradition argumentiert. Dieselben Argumentationsweisen erscheinen dann vielmehr völlig absurd.

Auch wenn es manchmal so erscheint, bezeichnet Familie keinen natürlichen Zustand des menschlichen Zusammenlebens. Es gibt kein von der Natur favorisiertes Familienmodell. Menschen sind soziale Wesen und menschliches Zusammenleben ist höchst komplex. Wir sind eingebunden in soziale Verhältnisse und diese Verhältnisse sind das Resultat eines Jahrtausende während Aushandlungs- und Zivilisationsprozesses. Veränderungen gehen, gemessen an unserem kurzen Aufenthalt auf diesem Planeten, sehr langsam vonstatten und deshalb erscheinen manche Aspekte unserer Gesellschaft unveränderlich und konstant. Egal, welchen Aspekt von Familie wir betrachten, es wird bei genauerem Hinsehen jedoch immer völlig unmöglich sein, so etwas wie Natürlichkeit oder Normalität über einen längeren Zeitraum zu definieren. Familie ist kein feststehendes Konzept, sondern immer nur im Kontext der Zeit, der jeweiligen gesellschaftlichen Trends und der wirtschaftlichen Ordnung zu verstehen.

Die Herausbildung der Mama-Papa-Kind-Kleinfamilie im Zuge von Aufklärung und Industrialisierung markiert nur die letzte weitreichende Neubestimmung für das Verständnis von Familie in Mittel- und Westeuropa, ist aber für unsere heutige Vorstellung von Familie noch immer prägend. Das Zusammenleben auf dem Land als große Familie unter einem Dach mit Mitgliedern aus vielen Generationen verlor damals an Bedeutung. Es entstand die bürgerliche Kleinfamilie. Mit Ende des 20. Jahrhunderts haben die Veränderungen nun jedoch wieder deutlich an Dynamik gewonnen. Die Realitäten verändern sich. Damit geht allerdings nichts kaputt, was seit Anbeginn der Menschheit unser Zusammenleben bestimmt, wie einige Kritiker behaupten. Vielmehr findet lediglich – wie so oft in der menschlichen Geschichte – ein Anpassungsprozess an sich wandelnde Rahmenbedingungen statt.

Eine Ehe heute ist nicht das, was eine Ehe vor 2.000 Jahren war. Eine Ehe heute ist nicht einmal das, was eine Ehe vor zwanzig Jahren war. Und auch heute hat eine Ehe nicht für alle Menschen die gleiche Bedeutung. Erst seit Ende des 19. Jahrhunderts gibt es in Deutschland die Ehe als zivilrechtliche und vor einem Standesamt erklärte Verbindung zwischen zwei Menschen. Bis in die zweite Hälfte des 20. Jahrhunderts durfte der Ehemann den Wohnort des Paares bestimmen und die Frau durfte nur mit Zustimmung ihres Mannes arbeiten gehen. Seit 1969 ist Ehebruch keine Straftat mehr. Seit 1997 zählt eine Ehe nicht mehr grundsätzlich als Zustimmung zum Geschlechtsverkehr. Seit nicht einmal zwanzig Jahren erst ist also eine Vergewaltigung innerhalb einer Ehe strafbar – wenn man so will eine völlig neue Entwicklung, und trotzdem hoffe ich, dass es eine sehr kleine Anzahl von Menschen ist, die sich in diesem Punkt eine »traditionelle« Ehe zurückwünscht.

Sexualität ist auf vielen Ebenen ein gesellschaftlich hart umkämpftes Thema. Dabei kann Sex noch so natürlich erscheinen. Lange Zeit schienen Ehe und Sex und damit verbunden auch Sex und Fortpflanzung bzw. Sex und Familiengründung zumindest in der Theorie untrennbar zusammenzugehören. Dass dieser Zusammenhang jedoch in der Praxis noch nie so eindeutig war, bezeugt ein Gewerbe, das aufgrund seiner über Jahrhunderte hinweg durchgängigen Popularität manchmal als das älteste Gewerbe der Welt bezeichnet wird: die Prostitution. Vor allem von religiöser Seite aus ist Sex oft mit Tabus und Verboten belegt – die Mahnung, dass Masturbation gesundheitsschädlich sei, ist heute glücklicherweise vielfach widerlegt. Besonders die weibliche Sexualität wurde und wird auch heute noch in bestimmten Kontexten stark reglementiert. Lange Zeit wurde Frauen abgesprochen, überhaupt über so etwas wie eine selbstbestimmte Sexualität zu verfügen. Auf unterschiedlichen Ebenen ist jedoch in den letzten Jahrzehnten eine rasante Liberalisierung, auch in Bezug auf das öffentliche Sprechen über Sexualität, zu beobachten. Am weitesten verbreitet erscheint heute eine Sexualität, die in Form von serieller Monogamie ausgelebt wird, also innerhalb eines Lebenslaufs in einer Abfolge jeweils fester und exklusiver, monogamer Partnerschaften.

In Bezug auf das Thema Kinder und Erziehung sind Entwicklungen und Veränderungen nicht weniger tiefgreifend und folgenschwer. Wieder entpuppt sich etwas natürlich Wirkendes wie beispielsweise die Mutterliebe bei genauerer Betrachtung als ein relativ neues Phänomen. Mütter, die es sich leisten konnten, ließen ihre Kinder vor nicht allzu langer Zeit lieber von anderen versorgen. Bei denen, die es sich nicht leisten konnten, liefen Kinder einfach mit und mussten schon früh wie alle anderen Familienmitglieder auch in Haus und Hof mitarbeiten. Über viele

Jahrhunderte war familiäres Zusammenleben eher wenig liebevoll geprägt. Und erst seit dem Jahr 2000 haben Kinder in Deutschland ein Recht auf gewaltfreie Erziehung. Körperliche Strafen gehörten jahrtausendelang wie selbstverständlich zum Umgang mit Kindern. Was ist nun normal? Was ist natürlich? Polemisch gewendet: Ein Vater, der seine Kinder verprügelt und seine Frau vergewaltigt? Nur weil das jahrtausendelang Normalität oder zumindest erlaubt war? Oder sind vielleicht doch eher neumodische Konzepte von Familie vorzuziehen, die zwar keine zwanzig Jahre alt sind und somit schwerlich als natürlich, normal oder traditionell bezeichnet werden können, aber meinem Ideal menschlichen Zusammenlebens um einiges näher kommen?!

Gerne werden aktuelle Vorstellungen von familiärem Zusammenleben mit scheinbaren Realitäten aus der Vergangenheit verglichen. Das geht so weit, dass Bilder von sammelnden und Kinder hütenden Frauen sowie jagenden Männern wie selbstverständlich zu unserer Vorstellung des Lebens in der Steinzeit gehören. Wissenschaftlich bewiesen ist eine solche Arbeitsteilung anhand des Geschlechts der Menschen vor 20.000 Jahren jedoch nicht. Vielmehr sind viele verschiedene Modelle des Zusammenlebens in dieser Zeit nachgewiesen. Wurde bei archäologischen Ausgrabungen ein Schwert als Grabbeigabe zu einem Skelett entdeckt, wurde jahrzehntelang darauf geschlossen, dass es sich um einen Mann gehandelt haben müsse. Fand sich in einem Grab Schmuck oder zusätzlich Skelette von kleinen Kindern, wurde darauf geschlossen, dass es sich um eine Frau gehandelt haben müsse. Neuere Forschung mit Hilfe von DNA-Analysen hat in den letzten Jahren häufig das Gegenteil bewiesen, das zeigte unter anderem die Ausstellung *Ich Mann. Du Frau. Feste Rollen seit Urzeiten?* im Archäologischen Museum in Freiburg. Ebenso werden in Filmen oder Geschichten, die in der Vergangenheit spielen, wie selbstverständlich heutige Werte vertreten – beispielsweise wird oft unsere heutige Vorstellung romantischer Liebe und Partnerschaft in historische Kontexte eingearbeitet. Aus Unterhaltungsgesichtspunkten macht das durchaus Sinn. Eine Liebesgeschichte nach unseren heutigen partnerschaftlichen Vorstellungen in Kinofilmen wie *Braveheart* und *Robin Hood* fördert die Identifikation mit den Protagonisten, hat jedoch mit der Realität der jeweiligen Zeit wenig zu tun. Im Gegensatz dazu wirkt ein Film wie *Das weiße Band – Eine deutsche Kindergeschichte* von 2009 in seiner Darstellung familiären Zusammenlebens mitsamt der für den Beginn des 20. Jahrhunderts nicht unüblichen Brutalität und Lieblosigkeit aus heutiger Sicht geradezu unmenschlich.

Wenn also all diesen Aspekten familiären Zusammenlebens wie Liebe, Partnerschaft, Sexualität, Ehe, Arbeitsteilung und Erziehung keine eindeutig vorgegebene Natur zugrunde liegt, sondern sie in ihren aktuellen Ausprägungen Ergebnis fortdauernder Aushandlungsprozesse sind, wer sitzt dann am runden Tisch und handelt die Bedingungen aus? Wie sieht die aktuelle Familienrealität eigentlich aus? Wo wird vermeintliche Normalität hergestellt und propagiert? Welche Familien werden in den aktuellen Debatten berücksichtigt? Und welche Familien bleiben außen vor? Das sind alles Fragen, die im Laufe dieses Buchs eine Rolle spielen werden.

Kinder brauchen Werte!

»Kinder brauchen Werte«, darin sind sich erst einmal alle einig. Durch die Vervielfältigung der möglichen Familienmodelle und damit zusammenhängend der Auflösung der traditionellen heterosexuellen, bürgerlichen Mutter-Vater-Kind-Kleinfamilie als alleinigem und alternativlosem Modell sehen viele Menschen familiäre Werte bedroht. Wer seine Werte verteidigt, dürfe nicht als homophob gelten, wird von Feuilletonisten genauso gefordert wie von Abgeordneten der CDU. Mit der Distanzierung von traditionellen Werten werde unsere Kultur der Beliebigkeit preisgegeben, so die Befürchtungen. Dass Familie kein feststehendes Konzept ist und sich in einem ständigen Prozess der Veränderungen befindet, bedeutet jedoch nicht automatisch den Verlust aller Werte. Im Gegenteil! Kinder brauchen Werte. Genauso wie unser Zusammenleben als Ganzes nur dann funktioniert, wenn wir gewisse Ideale teilen. Eine Auseinandersetzung über Werte ist wichtig. Nicht nur, aber vor allem dann, wenn es darum geht, sie der nachfolgenden Generation mitzugeben. Doch worin sollen diese Werte bestehen?

Die Veränderungen der Familienbilder in der Geschichte und Gegenwart haben Gründe. Menschen entscheiden sich zwar nicht immer völlig bewusst, aber doch zumindest nicht ohne Grund für oder gegen ein Familienmodell oder für ein von gewissen Werten geprägtes Zusammenleben. Dass Eltern ihre Kinder beispielsweise nicht mehr oder zumindest weniger schlagen als früher, ist keine zufällige Entwicklung. Sie ist das Resultat der Erkenntnis, dass Kinder durch Schläge nicht zu besseren Menschen werden, sondern dass das Gegenteil der Fall ist. Auch erkennen in diesem Zusammenhang immer mehr Menschen, dass das Zusammenleben in einer Familie schöner ist, wenn die eigenen Kinder glücklich sind. Und dass dieses Glück der eigenen Kinder ein wichtiger Wert ist. Wichtiger als ein durch Schläge durchgesetztes Bedürfnis des Vaters, der Einzige zu sein, der beim Abendbrot sprechen darf. Wer an »traditionellen« Werten hängt, ohne über deren mögliche Konsequenzen nachzudenken, befürwortet im schlimmsten Fall Gewalt gegen Kinder und Frauen oder überhöht im harmloseren Fall die eigene Vorstellung von Familie willkürlich mit dem Attribut »Tradition«.

Ebenso entscheiden sich Menschen nicht zufällig dafür, beispielsweise in homosexuellen Partnerschaften zusammenzuleben und innerhalb dieser Partnerschaften Kinder bekommen zu wollen. Menschen entscheiden sich dafür, weil sie eine Person gleichen Geschlechts lieben und begehren und weil sie glücklicher sind, wenn sie mit der Person, die sie lieben, zusammenleben und Kinder bekommen, als mit einer Person, die das nach Ansicht vermeintlich traditioneller Werte »richtige« Geschlecht hat.

Dass etwas über einen gewissen Zeitraum mehr oder weniger erfolgreich praktiziert wurde, erscheint mir eine eher dürftige Begründung für ein Festhalten an bestimmten Werten und Praktiken im familiären Kontext. Maßgeblich sind meiner Ansicht nach stattdessen vor allem zwei Aspekte: die Freiheit aller Menschen, auf jeweils individuelle Weise glücklich werden zu können, und – weil nicht jede und jeder für sich alleine auf dieser Welt lebt – natürlich auch das Funktionieren des Zusammenlebens der Gesellschaft als Ganzes und die Wahrung der Rechte und Grenzen der Mitmenschen. Ich möchte gerne in einer Gesellschaft leben, deren Werte diese beiden Ziele bestmöglich sicherstellen. Nun ist nicht immer völlig klar, was das dann im Einzelnen konkret bedeutet. Es ist die Aufgabe unserer demokratischen Gesellschaft, dies in freien und transparenten Diskussionen herauszufinden. Dazu ist es nötig, so viele Menschen wie möglich an diesem Aushandlungsprozess zu beteiligen.

Besonders im Umgang mit Kindern ist es schwierig herauszufinden, wie diese Ziele optimal erreicht werden können: Welche Werte brauchen Kinder, um zu glücklichen Menschen heranzuwachsen? Kinder brauchen Orientierung, um sich bestmöglich entwickeln zu können, sagen manche und verbinden damit ein Plädoyer für die Mama-Papa-Kind-Familie. Kindern wird oft nicht viel zugetraut. Veränderungen, die bei älteren Menschen ein Gefühl der Unsicherheit und des Unbehagens hervorrufen können, sind für Kinder jedoch oft einfach Alltag. Dass sich beispielsweise auch Jungs ihre Nägel lackieren oder Prinzessinnen sich manchmal nicht in einen Prinzen verlieben, sondern vielleicht lieber in eine andere Prinzessin, mag für manch konservativen Erwachsenen eine Verunsicherung für das eigene Weltbild mit sich bringen. Für Fritzi ist es schlicht und einfach völlig »normal« und bietet ihr mindestens ebenso viel Orientierung, wie es ein Leben mit einer traditionellen Rollenaufteilung und einem ebensolchen Familienbild mit sich bringen kann.

Wir müssen darüber sprechen, nach welchen Werten wir miteinander leben und welche Werte wir unseren Kindern vermitteln möchten. Ich möchte meinen Kindern vermitteln, dass sie ganz allein auf ihr Herz hören können, wenn es darum geht, in wen sie sich verlieben, und dass sie nicht auf das Urteil ihres Vaters angewiesen sind, um eine glückliche Liebesbeziehung einzugehen. Ich möchte meinen Kindern vermitteln, dass Sex etwas sehr Schönes sein kann. Ich möchte ihnen vermitteln, dass nicht nur, aber besonders beim Thema Sex gilt: »Nein« heißt »nein«! Und nur »ja« heißt auch wirklich »ja«! Ich möchte meinen Kindern vermitteln, dass beim Thema Sex jede Person für sich selbst entscheiden kann und entscheidet, was sie (mit-)machen möchte und was nicht, und dass es von besonderer Bedeutung ist, darauf zu achten, das alles in jedem Moment im Konsens aller Beteiligten geschieht. Dazu gehört auch die Feststellung, dass es einen solchen Konsens zwischen Erwachsenen und Kindern nie geben kann, da Machtverhältnis, Autorität und Erfahrungsdifferenz zwischen Erwachsenen und Kindern einen solchen Konsens grundsätzlich unmöglich machen. Ich möchte meinen Kindern auch vermitteln, dass Sex ein Thema ist, über das sie mit mir oder anderen Menschen, denen sie vertrauen, reden können, und dass sie dadurch mit sexistischer Werbung oder mit Internetpornos, die ihnen in jedem Fall begegnen werden, nicht alleine sind. Ich möchte meinen Kindern vermitteln, dass ich es ungerecht finde, dass mit der Ehe und den damit verbundenen Privilegien wie dem Ehegattensplitting ein Familienmodell bevorzugt wird. Ich möchte meinen Kindern eine große Vielfalt von möglichen Familienmodellen zeigen. Und ich möchte meinen Kindern vermitteln, dass sie selbst entscheiden können, welches der Modelle für sie am besten passt. Ich möchte meinen Kindern vermitteln, dass es toll ist, ein Kind zu sein, und dass es toll ist, Kinder zu haben. Ich möchte meinen Kindern aber auch vermitteln, dass sie sich dafür entscheiden können, keine eigenen Kinder zu bekommen, und dass es auch gut möglich ist, ohne Kinder ein glückliches Leben zu führen. Ich möchte meinen Kindern vermitteln, dass ihr Geschlecht nicht festschreibt, wie sie zu sein haben oder wofür sie sich zu interessieren haben. Ich möchte ihnen vermitteln, dass sie aufgrund ihres

Geschlechts nicht automatisch für Haus und Herd oder Arbeit und Auto zuständig sind, sondern dass sie selbst entscheiden können, wie sie leben möchten. Ich möchte, dass wir gemeinsam darüber nachdenken. Ich möchte, dass wir gemeinsam darüber diskutieren. Und ich möchte, dass sich möglichst viele Menschen am Aushandlungsprozess um diese Werte beteiligen können.

Für Familien- statt Demografiepolitik

Es geht nicht darum, das Rad neu zu erfinden. Selbstverständlich bin ich nicht der Erste, der eine solche Debatte über Familien im 21. Jahrhundert führen möchte. Die Verhandlungen um Familie sind seit Jahrtausenden an vielen Orten und zu vielen Aspekten im Gang. Vielfältige Akteure sind beteiligt, verfolgen unterschiedliche Ziele und vertreten ihre Positionen. Und wahrscheinlich hatten noch nie in der Geschichte so viele Menschen die Möglichkeit, sich an den Diskussionen zu beteiligen wie heute – auch wenn leider noch immer nicht allen gleichermaßen zugehört wird und auch heute noch viele Menschen ignoriert werden.

Vor ungefähr fünfzehn Jahren sprach der damalige Bundeskanzler Gerhard Schröder abfällig über das Bundesministerium für »Familie und Gedöns«. Hin und wieder wurde am Rande über eine Kindergelderhöhung diskutiert. Aber für ihn war klar: Große Politik spielt sich woanders ab. Mittlerweile hat sich diese Wahrnehmung etwas verändert und die Debatten über das Eltern- oder das Betreuungsgeld erreichen eine größere Aufmerksamkeit. Immer mal wieder geht es auch um das Ehegattensplitting oder die Anrechnung von Erziehungszeiten auf die Rente. Doch über

Belange der Familienpolitik wird nicht nur in dem Bereich debattiert und entschieden, der im engeren Sinne als »die Politik« bezeichnet wird. Das Bundesverfassungsgericht beispielsweise diskutiert die Gleichstellung von homosexuellen eingetragenen Partnerschaften mit heterosexuellen Ehen, Fragen des Sorgerechts und den Umgang mit anonymen Samenspenden und trifft weitreichende Entscheidungen. Darüber hinaus gibt es eine Feuilletondebatte über die Vereinbarkeit von Familie und Berufsleben, über die Väterbeteiligung innerhalb der Familien und über Sexualpädagogik in Schulen. Es gibt religiöse Debatten über sexuelle Gewalt unter dem Dach der Kirchen oder über die Möglichkeit zur Wiederverheiratung Geschiedener. Und es gibt Debatten auf der Straße. Menschen demonstrieren für das Recht auf straffreie Schwangerschaftsabbrüche oder gegen die Thematisierung sexueller Vielfalt im Schulunterricht. Nicht immer werden politische Entscheidungen unter Berücksichtigung unterschiedlicher Perspektiven getroffen. Nicht immer finden Debatten in Form sachlicher Auseinandersetzungen statt. Häufig werden Entscheidungen ohne Beteiligung der Betroffenen gefällt. Häufig werden Debatten sogar auf ihrem Rücken ausgetragen. Nicht immer machen sich Menschen die Mühe, mit denjenigen zu sprechen, über die eine bestimmte Entscheidung getroffen werden soll.

Lange Zeit waren alle Debatten, lange Zeit war alle Politik eng an dem Bild einer Familie bestehend aus miteinander verheirateten, heterosexuellen Eltern mit einem oder mehreren eigenen leiblichen Kindern orientiert. Die Erkenntnis, dass Familie etwas mehr ist als Mama-Papa-Kind, kommt in der Politik nur sehr langsam an. Es gibt noch immer viele Menschen, die dieses Modell leben. Auch für sie haben sich die Bedingungen im Laufe der Zeit geändert.

Den Blick zu öffnen, bedeutet nicht, dass für all die Familien, die noch immer so funktionieren, plötzlich kein Platz mehr ist. Niemandem geht etwas verloren, wenn die Interessen und Bedürfnisse von mehr Familien als bisher respektiert und berücksichtigt werden. Eine Aktualisierung des Familienbilds, eine Öffnung des Blicks und eine Erweiterung der Möglichkeiten kann vielmehr auch für die Familien, die dem klassischen Bild entsprechen, eine Bereicherung bedeuten. Um keine Politik auf Kosten von Familien zu machen, sondern um Diskussionen zu führen, die die Interessen und Bedürfnisse möglichst vieler unterschiedlicher Familien berücksichtigen, müssen wir mit den Menschen sprechen.

Die Politik der letzten Jahrzehnte ist nicht nur an einem eingeschränkten Familienbild ausgerichtet, sie ist darüber hinaus vor allem eine Demografiepolitik. Und nur sehr selten eine Gerechtigkeitspolitik. Familienpolitische Maßnahmen, wie beispielsweise das Elterngeld, werden danach bewertet, ob hierdurch mehr Kinder geboren werden. Es wird nicht, oder nur sehr selten, danach gefragt, ob es den Familien dadurch gut geht und was ihre Bedürfnisse sind. Der Wunsch nach mehr Kindern, der immer wieder öffentlich kundgetan wird, richtet sich auch nicht an alle Familien gleichermaßen. So ermutigt das Elterngeld beispielsweise vor allem gut verdienende Paare zum Kinderbekommen. Es wäre eine Diskussion wert, ob es in einer Welt, die in den nächsten Jahrzehnten vermutlich nicht vor dem Problem stehen wird, dass zu wenige Menschen auf ihr leben, der richtige Ansatz ist, Familienpolitik vor allem als eine Politik zur Förderung von noch mehr Geburten zu verstehen. Oder ob es nicht vielleicht doch eher darum gehen sollte, den Familien, die es bereits gibt, dabei zu helfen, glücklich zu werden und den Kindern Voraussetzungen zu ermöglichen, sich in dieser Gesellschaft bestmöglich zu entwickeln und zu entfalten. Und es wäre eine Diskussion darüber wert, sich angesichts der Probleme des demografischen Wandels auch die Staatsbürgerschafts- und Flüchtlingspolitik anzuschauen und zu überdenken.

Die Veränderungen des familiären Zusammenlebens in unserer Gesellschaft stellen die Politik vor eine gewaltige Herausforderung. Natürlich ist es einfacher, die Politik an einem Familienmodell auszurichten, als viele Modelle zu berücksichtigen. Noch dazu, wenn es politische Kräfte gibt, die sich gegen eine Anpassung der Politik an die veränderten Realitäten wehren. In Baden-Württemberg gehen Menschen auf die Straße, um gegen einen Bildungsplan zu demonstrieren, der versucht, diese veränderten Realitäten im Schulalltag zu berücksichtigen. Feuilletonisten schreiben gegen Veränderungen an. Doch sie alle können nichts daran ändern, dass die Welt heute anders aussieht als vor zwanzig, dreißig oder fünfzig Jahren. Die Realitäten haben sich verschoben und verschieben sich weiter.

Dass sich die Gesellschaft verändert hat, ist mittlerweile schon weiter in die Öffentlichkeit vorgedrungen. So stellte beispielsweise die Konrad-Adenauer-Stiftung, die wohl nicht im Verdacht steht, als Vorkämpferin für gesellschaftliche Veränderungen aufzutreten, im Sommer 2014 in einer Studie mit dem Titel *Familienleitbilder in Deutschland*[1] fest, dass Familien heute vielfältiger seien und dass die Politik darauf reagieren müsse. In der gleichen Studie erarbeitete sie auch Handlungsempfehlungen, die sich dann jedoch überhaupt nicht mehr mit unterschiedlichen Familienmodellen beschäftigen, sondern in denen es lediglich um allgemeine Themen wie die bessere Vereinbarkeit von Beruf und Kinderbetreuung geht. Wir brauchen also nicht nur ein größeres Bewusstsein dafür, wie Familien heute aussehen, sondern auch dafür, wie Familien funktionieren und welche Bedürfnisse sich aus den speziellen Lebenslagen ergeben.

Der Sinn und Unsinn von Rollenbildern und Geschlechterzuschreibungen

Die Wirkung und die Hartnäckigkeit klassischer Rollenbilder

Ich verstehe mich als Feminist. Feminismus heißt in meinem Verständnis und hier in diesem Zusammenhang unter anderem, dass die Rollen- und Arbeitsteilung (nicht nur, aber vor allem) innerhalb von Familien, an denen sowohl eine Frau als auch ein Mann beteiligt sind, auf gleichberechtigter Basis ausgehandelt werden sollten und dass Frauen selbstbestimmt über ihr Leben entscheiden. Das klingt recht harmlos, ist aber auf rechtlicher Ebene eine ziemlich neue Errungenschaft. Bis in die 1970er Jahre brauchte die Ehefrau das Einverständnis des Mannes, um arbeiten gehen zu dürfen, und bis in die 90er Jahre war eine Vergewaltigung innerhalb der Ehe nicht strafbar, um nur zwei Bespiele zu wiederholen, wie Frauen noch vor kurzer Zeit die Selbstbestimmung über ihr Leben verwehrt wurde. Etwas komplizierter wird es, wenn es nicht um die rechtlichen Bestimmungen geht, die überall nachgelesen werden können, sondern um ungeschriebene Gesetze in Form von gesellschaftlichen Rollenerwartungen. Der Mann ist das Oberhaupt der Familie, verdient durch Erwerbsarbeit das Familieneinkommen, regelt die Kontakte nach außen, ist stark, rational und aktiv, während die Frau die Kinder versorgt, den Haushalt in Schuss hält, sich eher um die sozialen Bindungen innerhalb der Familie kümmert und ansonsten schwach, emotional und passiv ist. Das waren lange Zeit die prägenden Rollenbilder unserer Gesellschaft. Auch wenn einzelne Aspekte dieser Geschlechterrollenzuschreibung schon älter sind, entstanden die meisten dieser Vorstellungen während der Bildung der Kleinfamilie im Zuge des 18. und 19. Jahrhunderts. In Ost und West entwickelten sich die Vorstellungen dann ab Mitte des 20. Jahrhunderts etwas unterschiedlich und vor allem dank der feministischen Frauenbewegung hat sich bis heute einiges geändert. Die klassischen Rollenbilder, die die Zuständigkeiten für Frauen und Männer innerhalb der Familie und der Gesellschaft klar und unmissverständlich festlegen, werden heute zum Glück nur noch von wenigen uneingeschränkt vertreten.

Und trotzdem haben die Zuschreibungen noch immer Auswirkungen auf unser Leben und werden teilweise sogar durch unsere Gesetzgebung gefestigt. Das Ehegattensplitting begünstigt beispielsweise noch immer Familien, in denen die Aufgabenbereiche der Eltern klar getrennt sind und eine Person als Alleinverdiener die Familie ernährt. Und das sind in der Regel die Männer. Noch immer befinden sich vor allem Männer in Führungspositionen, noch immer wird die weitaus meiste Hausarbeit sowie Kindererziehung und -betreuung von Frauen verrichtet. Und noch immer kommt es mal ganz subtil, mal durch abwertende Kommentare und zuweilen durch handfeste Diskriminierung zu »Bestrafungen«, wenn die Grenzen der heute ungeschriebenen Gesetze übertreten werden und die Rollen verändert oder neu interpretiert werden.

In allen Berufen verdienen Frauen in Deutschland durchschnittlich weniger als Männer. Viele der Gründe für diesen sogenannten Gender-Pay-Gap liegen in den zugeschriebenen Geschlechterrollen. Nicht zufällig fällt die Entstehung der Rollenaufteilung in der bürgerlichen Kleinfamilie zeitlich mit der Entwicklung der Grundlagen des bis heute gültigen kapitalistischen Wirtschaftssystems im 18. und 19. Jahrhundert zusammen. Die »klassische« Mutter-Vater-

Kind-Familie ist in vielerlei Hinsicht ein Resultat der sich in dieser Zeit entwickelnden veränderten ökonomischen Anforderungen an Familien. Aufgabe des Mannes war es seitdem – und ist es in vielen Familien noch heute –, mit seinem Einkommen die Familie zu ernähren. Für viele Frauen erfüllte bzw. erfüllt Erwerbsarbeit eher den Zweck eines Zuverdienstes. Außerdem ist das Berufsleben von Frauen häufiger von Karriereunterbrechungen betroffen, weil sie mit Kind(ern) zu Hause bleiben. Für die meisten Frauen fallen die Auszeiten im Job genau in die Zeit, in der die beruflichen Weichen für die Zukunft gestellt werden und die meisten Beförderungen stattfinden. Frauen arbeiten häufiger in Teilzeit, weil sie gleichzeitig Familienaufgaben erfüllen, und machen aus dem gleichen Grund weniger Überstunden. Zusätzlich arbeiten Frauen häufiger in sozialen Berufen. Viele der Tätigkeiten in diesem Wirtschaftszweig wurden und werden weniger als Beruf angesehen, sondern vielmehr als soziales Engagement.

Alle Menschen leben in sozialen Zusammenhängen und sind in vielen Situationen des Lebens aufeinander angewiesen. Obwohl keine Gesellschaft ohne die Erledigung von Care-Arbeit, also die Sorge füreinander und die Arbeit an den sozialen Zusammenhängen, funktionieren würde, gibt es für die meisten der darunter gefassten Tätigkeiten keine angemessene Entlohnung. Care wird entweder gar nicht (beispielsweise innerhalb von Familien) oder zu gering entlohnt. Gemessen an der gesellschaftlichen Bedeutung dieser Arbeit sind die Verdienstmöglichkeiten in Kindergärten und in der Altenpflege lächerlich gering. Resultat dieser gesellschaftlichen Rollenaufteilung ist unter anderem ein größeres Risiko für Frauen, von Armut betroffen zu sein, insbesondere im Alter.

Gender: Das soziale Geschlecht

Um die sozialen Rollen der Geschlechter zu beschreiben, hat sich mittlerweile der Begriff Gender etabliert. Noch immer meinen viele Menschen, dass sich die gesellschaftlichen Rollenbilder biologisch automatisch aus dem Geschlecht ergeben, und lehnen daher Gender als vermeintliche Ideologie ab. Dabei besagt der Begriff zunächst einmal nur, dass das, was eine Person in ihrer Unterhose mitbringt, noch nicht abschließend festlegt, wofür sich die Person interessiert, was sie gut oder weniger gut kann und welche Rolle sie innerhalb einer Partnerschaft, innerhalb einer Familie und innerhalb der Gesellschaft zu erfüllen hat. Die Biologie ist nicht alleine für all diese Facetten unseres Zusammenlebens verantwortlich. Es gibt noch mehr, was uns ausmacht. Es gibt keinen zwangsläufigen Zusammenhang zwischen biologischem Geschlecht und gesellschaftlicher Rolle. Vieles ist ausgehandelt und wird tagtäglich neu verhandelt. Es lohnt sich also allemal, von Gender zu sprechen, von sozialen und nicht biologischen eindeutig determinierten Geschlechterrollen.

Es gibt Männer, die möchten für ihre Kinder da sein und sehen ihre Aufgabe nicht vor allem darin, Geld zu verdienen. Sie sind nicht stark, dafür vielleicht eher emotional. Es gibt auch Frauen, die kein Bedürfnis danach verspüren, eine Familie zu gründen, Kinder zu bekommen und sich um diese zu kümmern. Vielmehr möchten sie vielleicht Karriere machen, Geld verdienen, haben ganz andere Interessen und möchten am liebsten die meiste Zeit ihres Lebens an Autos schrauben oder Fußball spielen. Darüber hinaus gibt es ganz viel dazwischen und auch viele Menschen, die sich gar nicht in diesem Geschlechterkonzept wiederfinden und weder

Frau noch Mann sind. Noch immer werden solche Abweichungen von der vermeintlich eindeutigen Biologie als krankhaft bezeichnet. Besonders mit Blick auf die Kinder müssen wir uns überlegen, wie wir damit umgehen. Brauchen unsere Kinder wirklich Orientierung in Form eines aufgrund ihres Geschlechts klar zugewiesenen Platzes in der Gesellschaft? Oder wollen wir unseren Kindern nicht vielmehr eine breite Palette an Identifikationsmöglichkeiten eröffnen und ihnen damit die Möglichkeit geben, sich selbst einzuordnen, zu entfalten und zu entdecken?

Für Fritzi befinde ich mich in einer Rolle, die durch mein Geschlecht eher nicht von mir erwartet wird. Und weil ich für sie diese Rolle ausfülle, fing Fritzi irgendwann an, mich Mama zu nennen. Wie kann man von einem damals zweijährigen Kind erwarten, dass es als einziges ein anderes Wort für ihre Hauptbezugsperson verwenden soll als die anderen Kinder? Die fragten jeden Nachmittag in der Kita: »Wann holt mich meine Mama ab?« Wenn ein Kuscheltier im Kinderbett nicht alleine einschlafen kann, sagt ein Kind: »Du brauchst keine Angst haben. Mama ist ja da«. Wenn sich eine Puppe beim Klettern im Regal ihr Knie aufschlägt, bietet ein Kind tröstend an: »Komm auf Mamas Arm.« Wenn Mama für alle anderen Kinder die Person ist, die genau diese Aufgaben erfüllt, dann bin ich Fritzis Mama. Fritzi hat später irgendwann verstanden, dass ich ihr Papa bin. Und trotzdem nennt sie mich weiterhin ab und zu Mama.

Und weil es noch immer so ungewöhnlich ist, dass ich mich als Vater so viel um mein Kind kümmere, klopfen mir ständig alle auf die Schulter. Immer wieder sagt mir irgendwer, wie toll das ist, dass ich auf diese Weise Verantwortung übernehme. Dabei mache ich nichts anderes als hunderttausende Mütter auch. Denen klopft für die große Leistung, die sie tagtäglich vollbringen, leider kaum jemand auf die Schulter. Stattdessen wird von ihnen wie selbstverständlich erwartet, dass sie ihre Verantwortung auf diese Weise wahrnehmen. Und gleichzeitig werden sie ständig von der Öffentlichkeit kritisch beäugt und bewertet. Während meine Rolle also fast ausschließlich positiv bewertet wird, hat Fritzis Mutter gleichzeitig mit abwertenden und verständnislosen Kommentaren zu kämpfen und wird gefragt, warum sie überhaupt ein Kind bekommen habe, wenn sie sich dann doch nicht darum kümmere. Dabei kümmert sie sich mehr um Fritzi als die Mehrzahl der Väter um ihre Kinder. Jeder Vater, der sich ähnlich engagiert um sein Kind kümmern würde, würde begeistert gefeiert werden. Wenn das mal keine Argumente sind, sich genauer mit dem Verhältnis von Geschlecht und Geschlechterrolle bzw. zwischen Geschlecht und Gender zu befassen.

Auch wenn sich einige Aspekte der »klassischen« Geschlechterrollen weiterhin hartnäckig halten, verändert sich an anderer Stelle sehr viel. Frauen machen Karriere, und auch Männer wollen mehr Zeit mit der eigenen Familie verbringen. Inwieweit sich Geschlechterrollen in Familien wandeln, ist ein wichtiges wissenschaftliches Forschungsfeld. Die Professorin Sylka Scholz von der Uni Jena schreibt beispielsweise in ihrer Analyse *Vaterliebe? Die Konstruktion der Vater-Kind-Beziehung in aktuellen Erziehungsratgebern für Väter* von der »Aufwertung der Bedeutung des Vaters im familialen Innenraum«[2], zur väterlichen Autorität kämen damit noch Fürsorge und Emotionalität hinzu. Es wurden in den letzten Jahren unzählige Väterbücher geschrieben, es gibt viele Blogs, in denen Väter aus ihrem Familienalltag berichten, in den Feuilletons wird anerkennend hervorgehoben, dass der Vizekanzler Sigmar Gabriel sein Kind an einem Tag in der Woche von der Kita abholen möchte und dass selbst der Fußballprofi Philipp Lahm seinem Kind schon die Windel gewechselt habe.

Viele Studien bestätigen, dass Väter heute mehr Zeit mit ihren Kindern möchten. Jedoch sind die wenigsten bereit, dafür beruflich zurückzustecken. »Die ›aktiven Väter‹ sind eher die, die sich selbst nicht so nennen«[3], analysiert Cornelia Behnke, Professorin an der Katholischen Stiftungsfach-hochschule München. Es gibt immer mehr Paare, die sich zwar theoretisch darauf einigen, Berufstätigkeit auf der einen Seite und die Arbeiten im Haushalt und rund um das gemeinsame Kind auf der anderen Seite nicht anhand klassischer Geschlechterrollen aufzuteilen. Dass es in der Praxis dann überwiegend doch die Mutter ist, die sich neben ihrer Berufstätigkeit noch um Haushalt und Kinder kümmert, wird in diesen Familien dann nicht aufs Geschlecht, sondern auf vermeintlich individuelle Vorlieben und Charaktereigenschaften zurückgeführt, zeigen Professorin Cornelia Koppetsch und Sarah Speck von der Technischen Uni Darmstadt.[4] Sogenannte neue oder moderne Väter inszenieren sich vielfach als cooler Gegenentwurf zu vermeintlich verspannten Müttern. Aber Hausarbeiten oder eine genaue Aufrechnung von Kinderbetreuungszeiten sind eher uncool, und so bleiben die Arbeiten in der Mehrzahl dann doch an den Müttern hängen. Die wissenschaftliche Analyse zeigt demnach, dass sich das Rollenbild des Vaters innerhalb der Familie gewandelt hat, die Praxis jedoch in vielen Fällen noch weit hinterherhinkt.

Exkurs: Häusliche Gewalt

Es ist nicht möglich, über Familien und Geschlechterrollen zu schreiben und über Gewalt zu schweigen. Die Themen Familie und Gewalt sind leider oft sehr eng miteinander verknüpft. Gewalt in der Familie passiert oft hinter verschlossenen Türen. Die wenigsten Betroffenen laufen mit einem blauen Auge durch die Straßen. Dennoch oder gerade deshalb ist es ein Thema, das in diesem Buch über Familien angesprochen werden muss. Die Außenwelt wird nur selten direkt damit konfrontiert. Auch ich komme eher zufällig und unerwartet mit dem Thema in Kontakt.

Fritzi ist bei ihrer Mutter. Ich habe ein freies Wochenende. Am Freitag gehe ich aus. Ich trinke ein paar Bier mit Freundinnen und Freunden. Ich bin nicht allzu spät wieder zu Hause. Samstagvormittag wache ich auf und weiß erst einmal nichts mit mir anzufangen. Nicht, dass es nichts zu erledigen gäbe. Die Wohnung müsste dringend mal wieder geputzt werden. Wäsche waschen. Auch meine Steuererklärung könnte ich endlich mal in Angriff nehmen. Erst einmal bleibe ich aber noch etwas liegen und genieße es, nicht aufstehen zu müssen und ganz alleine in meiner Wohnung zu sein. Irgendwann stehe ich dann doch auf, weil ich Hunger bekomme. Allerdings stelle ich recht schnell fest, dass der Kühlschrank leer ist und ich als erstes einkaufen gehen muss.

Ich muss bei meinen Überlegungen zur Nahrungsaufnahme an meinen freien Wochenenden kein Kind einbeziehen und berücksichtigen. Manchmal verfalle ich dadurch in längst überwunden geglaubte Essgewohnheiten meiner Jugend. Ich kaufe mir zwei Tiefkühlpizzen – eine für sofort zum Frühstück, das ja aufgrund der Uhrzeit eigentlich schon das Mittagessen ist, und noch eine für Sonntag, falls ich da genauso wenig Lust habe, etwas zu kochen. Dazu eine große Flasche Cola. Weil mir das vor den anderen gewissenhaften Eltern mit dem ganzen Obst und Gemüse im Einkaufswagen manchmal etwas unangenehm ist, tue ich so, als ob ich Richards Mutter nicht sehe, als sie hinter mir an der Kasse steht. Mir ihr hatte ich sogar schon einmal eine Diskussion über Bio-Essen, in der sie mir davon erzählt hat, dass sie sehr darauf achtet, dass bei ihnen nur gesundes Essen auf den Tisch kommt. Das ist allerdings schon ein paar Jahre her. Fritzi und Richard waren noch Babys und seitdem haben wir uns auch kaum mehr gesehen. Wir kennen uns vom Spielplatz. Vor einiger Zeit sind Annika, Richard und sein Vater dann in einen anderen Bezirk gezogen. Glücklicherweise steht jetzt noch eine Person zwischen uns an der Kasse. Mit dem Einpacken bin ich nach dem Bezahlen nicht schnell genug und so spricht mich Annika an. Auch sie ist ohne Kind unterwegs.

»Wo ist Fritzi?«, fragt sie.

»Bei ihrer Mutter. Ich habe ein kindfreies Wochenende. Da verfalle ich manchmal in längst überwunden geglaubte Essgewohnheiten meiner Jugend«, entschuldige ich mich vorsorglich für die Tiefkühlpizzen, die sie bisher allerdings noch gar nicht bemerkt hat und für die sie sich auch überhaupt nicht interessiert.

Richard sei auch gerade mit seinem Vater zu Hause. Ein seltener Moment, in dem die beiden mal etwas zusammen machten, sagt Annika. Sie wolle deshalb eigentlich gerade gar nicht wieder nach Hause gehen. Dort seit außerdem die Stimmung so schlecht. Sie genieße die samstäglichen Einkäufe und versuche, sie immer in die Länge zu ziehen. Eine gemeinsame Freundin habe ihr erzählt, dass ich nicht mehr mit Fritzis Mutter zusammen sei und Fritzi bei mir lebe.

Ich bin etwas überrumpelt, bestätige ihr aber das Beziehungsende, sage ihr, dass das schon länger so ist und dass Fritzi auch vorher schon überwiegend bei mir gelebt hat.

Sie habe nicht den Mut, alleinerziehend zu sein oder besser: zu werden, erklärt sie mir. Sie erzählt mir von ihrer Angst, dass ihr Mann wieder ausrastet. Für den Fall, dass sie auszieht, habe er ihr damit gedroht, dass er sich gar nicht mehr für Richard interessieren werde. Das wolle sie Richard nicht antun. Er solle den Kontakt zu seinem Vater nicht verlieren. Eigentlich habe sie schon eine Wohnung für sich und Richard. Ihr Mann wisse allerdings noch nichts davon, und sie traue sich auch nicht den Schritt zu gehen und auszuziehen. Die Wohnung habe sie mit Hilfe einer Beratungsstelle für von häuslicher Gewalt betroffene Frauen gefunden, erzählt sie mir. Sie fragt mich, wie ich alleine alles schaffe und ob Fritzi nicht darunter leide, dass ihre Eltern getrennt sind. Ich sage ihr, dass ich nicht alleine bin, weil Fritzi regelmäßig – so wie jetzt gerade – bei ihrer Mutter ist und dass ein Kind auch darunter leidet, wenn sich die Eltern nicht mehr verstehen, es ihnen mit der Beziehung nicht (mehr) gut geht und natürlich besonders, wenn Gewalt im Spiel ist. Annika nickt. Ich bin überrascht von ihrer Offenheit und auch etwas überfordert. Ich frage sie, ob sie Hilfe benötigt, und sie versichert mir, dass sie in der Beratungsstelle gut aufgehoben sei. Ich wünsche ihr viel Mut und sage ihr, dass sie auf sich aufpassen und sich nicht so viele Sorgen um Richard machen soll: »Wenn es dir wieder besser geht, wird es auch Richard gut gehen.« Sie nickt erneut und wir verabschieden uns.

Sogenannte häusliche Gewalt ist nicht nur ein marginales Problem einzelner Familien. Allein in Berlin registriert die

Polizei jedes Jahr mehr als 15.000 Fälle häuslicher Gewalt[5] – und dabei handelt es sich nur um die polizeibekannten Fälle. Es soll nicht verschwiegen werden, dass in einigen Fällen auch Männer von dieser Gewalt betroffen sind. Nicht immer, aber in der überwiegenden Mehrzahl der Fälle richtet sich die Gewalt allerdings gegen Frauen. Die Agentur der Europäischen Union für Grundrechte hat in einer Studie herausgefunden, dass in Deutschland 89 % der Frauen, die von häuslicher Gewalt betroffen sind, diese nicht anzeigen.[6] Genauere Zahlen über das gesamte Ausmaß sind unmöglich zu erheben, da die Gewalt in den meisten Fällen hinter verschlossenen Türen verübt wird, die betroffene Person von der gewalttätigen Person durch die familiären oder (Liebes-) Beziehungszusammenhänge abhängig ist und der Schritt, sich jemandem anzuvertrauen oder sogar zur Polizei zu gehen, somit manchmal zu groß erscheint. Das Bundesministerium für Familie, Senioren, Frauen und Jugend geht in seiner Studie *Lebenssituation, Sicherheit und Gesundheit von Frauen in Deutschland*[7] davon aus, dass jede vierte Frau in Deutschland im Laufe ihres Lebens Gewalt durch ihren Beziehungspartner erlebt. Da werden Tiefkühlpizzen und Cola schnell zur Nebensache.

Gewalt gegen Frauen ist kein besonderes Problem dunkler Parks und auch kein besonderes Problem einer bestimmten Religion, einer bestimmten sozialen Schicht oder einer bestimmten Herkunft. Gewalt, insbesondere Gewalt gegen Frauen, ist vor allem ein Problem innerhalb von Familien. Richards Familie ist eine Familie der oberen Mittelschicht ohne irgendwelche relevanten Migrationshintergründe. Richards Mutter ist Juristin, sein Vater Lehrer. Oft sind die Kinder von der Gewalt mitbetroffen. Wer sich mit Familien beschäftigt, muss sich auch damit beschäftigen, dass sie für viele Menschen keine Sicherheit bieten und auch Orte der Gewalt sein können. Und andersherum: wer sich ernsthaft mit dem Problem der Gewalt gegen Frauen beschäftigen möchte, darf sich nicht nur mit der Sicherheit auf den Straßen oder der Situation in Saudi-Arabien oder Indien beschäftigen, sondern muss vor allem auch die Situation von Familien innerhalb Deutschlands in den Blick nehmen. In den allermeisten Fällen ist eine Trennung für die betroffenen Frauen die einzige Möglichkeit, der Gewalt zu entgehen. Dafür braucht es viel Mut.

Auch wenn selbstverständlich nicht alle eine Geschichte hinter sich haben wie Annika: Alleinerziehende Frauen sind oft mutige Frauen, die sich alleine etwas zutrauen, woran manchmal zwei Personen scheitern.

Männliche Vorbilder gesucht

Viele Mütter von Jungen, alleinerziehende, aber auch solche, in deren Familien der Partner weniger präsent ist als ich es in meiner bin, beschäftigt hin und wieder die Frage, wie am besten damit umzugehen ist, dass ihre Kinder vor allem Kontakt zu Frauen haben und ihnen der Umgang mit dem Vater oder einer engen männlichen Bezugsperson fehlt. Und damit vielleicht auch ein männliches Vorbild. Es gibt Kampagnen, die versuchen, mehr Männer für den Beruf des Erziehers zu gewinnen, damit die Kinder auch in den Kitas nicht nur von Frauen umgeben sind. Der Anteil männlicher Grundschullehrer liegt unter 15 %. Ob aber die präsenten Väter oder Männer einfach nur aufgrund ihres Geschlechts als Vorbild dienen können und sollten, wage ich zu bezweifeln.

Auch Frauen können zumindest für kleinere Jungs ohne Problem vollwertige Identifikationsfiguren oder Vorbilder sein. Und Männer für Mädchen. So will Fritzi Müllmann werden, nachdem wir eines Morgens an unseren Müllcontainern vorbeikommen, die gerade von zwei Müllmännern geleert werden. Zwei Männer als Vorbild. Kein Problem für eine Vierjährige. Schwieriger wird es, sobald die Kinder älter werden. Wenn wir an einem verregneten Sonntagvormittag nichts vorhaben, tanzen wir durchs Wohnzimmer und schauen uns YouTube-Videos an. Dabei versuche ich Fritzi vor allem Videos zu zeigen, in denen Frauen singen, Gitarre oder Schlagzeug spielen. Ich möchte, dass sie sieht, dass nicht nur Männer Musik machen, so wie es oft genug im Fernsehen, auf Plakaten oder im Radio den Anschein hat. Nachdem wir uns ein Video der Band Die Heiterkeit angeschaut haben, meint Fritzi, dass sie nun nicht mehr Müllmann werden möchte, sondern Schlagzeugerin.

Für Kinder ist es wertvoll, vielfältige Rollenverständnisse kennenzulernen und Menschen zu erleben, die ihr Leben unterschiedlich gestalten. Ersteinmal lernt ein Kind vor allem das Rollenverständnis der Eltern kennen. Kinder verstehen sehr schnell, wer zu Hause die Wäsche macht, wer fürs Trösten zuständig ist und wer abends noch eine Geschichte vorliest. Dass diese Aufgaben anhand der Geschlechter meist recht klar verteilt sind, wurde bereits erwähnt. Später kommen dann weitere Einflüsse und weitere Bezugspersonen, in der Kita und aus dem Freundeskreis, hinzu. Aus all diesen Einflüssen baut sich ein Kind irgendwann eine eigene Vorstellung von Identität und Geschlecht auf und je größer die Vielfalt ist, umso mehr Optionen hat ein Kind, sich selbst mit den eigenen Interessen, Stärken und Schwächen auseinanderzusetzen.

Zurück zu den Jungs, die vor allem mit ihren Müttern und Kitaerzieherinnen aufwachsen. Ja, es fehlen positive männliche Vorbilder. Die fehlen nicht nur den Kindern alleinerziehender Mütter, deren Partner nach der Trennung kaum mehr auftauchen. Väter arbeiten einer Analyse des Bundesinstituts für Bevölkerungsforschung aus dem Jahr 2011[8] zufolge im Durchschnitt mehr als kinderlose Männer ihres Alters. Dass diese Vorbilder fehlen, liegt also vor allem daran, dass sich Männer noch immer viel zu selten entscheiden, sich um Kinder zu kümmern und Betreuungs- und Erziehungsaufgaben zu übernehmen.

* * *

Katja erzählt mir, dass ihr vor kurzem aufgefallen ist, dass ihr Sohn Till fast nur von Frauen umgeben ist. Till ist etwa so alt wie Fritzi. Ob ich nicht Lust hätte, am kommenden Wochenende den Samstag zusammen mit Fritzi und Till zu verbringen. Zusammen mit Katja und ihrer Freundin hat Till in den letzten Monaten ein Haus ausgebaut, Mauern verputzt, in allen Zimmern der neuen Wohnung Fußböden verlegt, Wände tapeziert und gestrichen. Nun verbringt er einen Samstag mit uns. In der vorherigen Woche habe ich Fritzi eine große Tüte mit Gummibändern gekauft, die unter den Kindern in ihrem Alter gerade der absolute Renner sind. Es ist bestes Wetter und ich muss Fritzi und Till nach zwei Stunden, die wir mit dem Knüpfen von Gummiarmbändern verbracht haben, überreden, doch zumindest kurz auf den Spielplatz zu gehen. Kaum dort angekommen, fällt Till ein, dass wir schnell wieder nach Hause müssen, damit noch genug Zeit bleibt, weitere Arm- bänder zu knüpfen, bevor seine Mutter ihn wieder abholt.

Wir verbringen noch weitere Stunden mit den Gummibändern. Till ist begeistert. Gut, dass er mal einen Tag mit einer männlichen Bezugsperson verbracht hat.

Der Klassiker: Mama, Papa, Kinder

Fritzis Mutter und ich waren bei Fritzis Geburt nicht miteinander verheiratet (und sind es auch später nie gewesen). Noch in meiner Elterngeneration war allein das schon eher ungewöhnlich. Noch eine Generation früher, in meiner Großelterngeneration, wurden uneheliche Kinder als Bastarde beschimpft. Gleichaltrige Kinder wurden teilweise ermahnt, nicht mit ihnen zu spielen. Ich bin mir nicht sicher, ob solche Anfeindungen komplett der Vergangenheit angehören oder ob uneheliche Kinder nicht auch heute noch in manchen Situationen schief angeschaut werden. Elisabeth, eine Freundin, erzählt mir zum Beispiel, dass in ihrem Heimatort der Begriff »Bastard« noch immer der gebräuchliche Terminus für »solche« Kinder ist. Doch zumindest in meinem Umfeld hat sich das Thema Familie nahezu komplett aus dem Kontext Ehe gelöst. Unter meinen Freundinnen und Freunden sind verheiratete Eltern eher die Ausnahme.

Nach Zahlen des Statistischen Bundesamts bestanden im Jahr 1996 noch 81 % aller in Deutschland lebenden Familien aus miteinander verheirateten Eheleuten.[9] Keine zwanzig Jahre später, 2012, waren es noch 70 % aller Familien. In Bezug auf neu geborene Kinder ist die Entwicklung noch deutlicher erkennbar. Von den im Jahr 2012 geborenen Kindern wurden deutschlandweit nur noch 65 % innerhalb einer Ehe geboren. In Berlin waren es im gleichen Jahr sogar nur noch knapp 50 %. Während außereheliche Kinder also vor nicht allzu langer Zeit eher die Ausnahme waren und auch vielfach Anfeindungen ausgesetzt waren, wird heute in Berlin sogar eine (wenn auch knappe) Mehrheit der Kinder ohne verheiratete Eltern geboren. 17.584 im Jahr 2012 in Berlin geborene Kinder ohne verheiratete Eltern stehen 17.094 Kindern mit verheirateten Eltern gegenüber.

Interessant ist, welche Faktoren und Bedingungen die Entscheidung für oder gegen die Ehe zu beeinflussen scheinen. Während auf dem Land noch fleißig geheiratet wird, bevor ein Kind auf die Welt kommt, ist die Ehe als Grundlage der Familie in der Stadt anscheinend nicht mehr so wichtig. Auch ist ein Unterschied zwischen Ost- und Westdeutschland erkennbar, wenngleich die Trennung der deutschen Staaten zum Zeitpunkt der Datenerhebung über zwanzig Jahre zurück liegt. So hatten beispielsweise in Städten wie Gera oder Schwerin nur noch 31 % der 2012 geborenen Kinder miteinander verheiratete Eltern. In Freiburg waren es 64 %, in Düsseldorf 71 %. Im eher ländlichen Wetteraukreis, dem hessischen Landkreis, in dem ich groß geworden bin, hatten sogar 74 % der geborenen Kinder miteinander verheiratete Eltern.

Trotz der deutlichen Unterschiede zwischen Stadt und Land bzw. Ost und West: der Trend ist überall gleich. Und eine Umkehrung scheint in nächster Zeit wenig wahrscheinlich. Die Ehe verliert für die Entscheidung zur Familiengründung rapide an Bedeutung. Dabei gibt es objektiv manchen guten Grund zu heiraten, bevor ein Kind in die Familie kommt. Noch immer werden Ehepaare durch das Ehegattensplitting steuerlich bevorzugt, wenn einer der beiden Eheleute nicht oder nur sehr wenig arbeitet. Und das ist bei Familien mit kleinen Kindern ja meistens der Fall. Auch sind die innerhalb einer Ehe geborenen Kinder automatisch auch die Kinder des Ehemanns und es ist nicht nötig, extra zum Jugendamt zu gehen, die Vaterschaft anerkennen zu lassen und das gemeinsame Sorgerecht zu beantragen. Nur in der Ehe erbt im Sterbefall die Partnerin oder der Partner automatisch. Ist ein Paar nicht verheiratet, muss der Hinterbliebene in einem Testament bedacht werden. Und dann sind die Freibeträge im Vergleich zu Verheirateten lächerlich gering und somit die steuerlichen Belastungen erheblich höher. Auch im Falle einer Trennung bietet die Ehe zumindest etwas mehr finanzielle Absicherung für das Elternteil, das sich überwiegend um die Kinder gekümmert hat und deshalb im Laufe der Ehe weniger verdient hat.

Trotz all dieser rechtlichen Vorteile heiraten immer weniger Menschen, bevor sie eine Familie gründen. Die Gründe hierfür sind vielfältig. Offenbar ist das Leben vieler Menschen immer weniger danach ausgerichtet, mit einem Partner das ganze Leben zu verbringen. Und der gesellschaftliche Druck zu heiraten ist wesentlich geringer als noch vor ein paar Jahrzehnten. Es ist mittlerweile beispielsweise in weiten Teilen der Bevölkerung akzeptiert, als Paar ohne Trauschein zusammenzuleben und Kinder zu bekommen. Darüber hinaus ist es noch immer nicht für alle Menschen möglich zu heiraten. Lesbische und schwule Paare dürfen zwar seit 2001 eine eingetragene Partnerschaft eingehen, sind aber noch immer von der Ehe ausgeschlossen.

War die Ehe vor noch nicht allzu langer Zeit der Grundstein der meisten Familien, so ist dies heute nicht mehr in diesem Ausmaß der Fall. Interessanterweise werden die Familien ohne verheiratetes Ehepaar vom Statistischen Bundesamt trotz des deutlichen Trends unter dem Begriff »alternative« Familienformen zusammengefasst und damit den »traditionellen« Familien gegenübergestellt. In Berlin ist diese »Alternative« gerade zur Mehrheit geworden. Was es genau mit diesen »alternativen« Familien auf sich hat, dass es sich dabei nicht um Familien handelt, die so einfach unter einem Begriff zusammengefasst werden können, sondern um ganz unterschiedliche Familien mit jeweils besonderen Bedürfnissen, das muss das Statistische Bundesamt erst noch lernen.

Und auch »klassische« Familien sind keine homogene Masse, sondern so vielfältig wie die Menschen, die in ihnen leben. Auch ein »klassisches« Familienmodell muss erst gefüllt und von den Mitgliedern gestaltet werden. Es gibt keine vorgefertigte und über Jahrhunderte erprobte Schablone und dann passt das schon alles. Auch die Menschen in den Familien, die von außen klassisch erscheinen, müssen sich miteinander arrangieren, müssen Aushandlungen treffen, Strategien entwickeln, um Probleme zu minimieren, gehen eigene Wege und gestalten das Modell so, dass es für sie passt.

Manche Elternpaare in diesen Familien bekommen ihre Kindern schon mit Anfang zwanzig oder noch früher, andere erst wesentlich später. Manchmal sind beide Elternteile annähernd gleich alt, manchmal gibt es einen großen Altersunterschied. Manche dieser Familien leben mit einem Kind, manche mit zwei, drei, vier oder noch mehr Kindern. Die Geschwisterkinder können schnell hintereinander geboren sein oder in größeren Abständen. Die Familien können sich auch darin unterscheiden, wer wieviel arbeiten geht, wer wieviel verdient und wie mit diesem Geld umgegangen wird, ob es gemeinsam verwaltet wird, durch eine Person oder jeweils getrennt. Familien unterscheiden sich darin, wer sich überwiegend um das Kind oder die Kinder kümmert, wer wieviel im Haushalt übernimmt, wer putzt oder kocht. In manchen Familien unternehmen die Eltern viel als Paar zusammen, in manchen bleibt den Eltern kaum Zeit dafür. In manchen Familien spielen Freundinnen,

Freunde oder Großeltern eine große Rolle, sind oft zu Besuch und sitzen häufig mit am Esstisch, in anderen Familien spielt sich der Alltag eher nur im Rahmen des Elternpaares und der Kinder ab. Familien treffen (bewusst oder unbewusst) eine Vielzahl von Entscheidungen, die allesamt den Alltag beeinflussen und bestimmen.

All die genannten Aspekte sagen manchmal mehr über eine Familie aus als die Kategorien »klassisch« oder »alternativ«. Eine Familie, in der der Mann arbeiten geht, gut verdient und die Frau den Haushalt und die Kinderbetreuung überwiegend alleine übernimmt und in der beispielsweise vor allem darüber diskutiert wird, ob das berufstätige Elternteil nach Feierabend zu Hause noch die Spülmaschine ausräumen muss oder die Füße hochlegen darf, kann einer Familie mit einem lesbischen Elternpaar und ähnlicher Arbeitsaufteilung viel ähnlicher sein als der Familie, die zwar auf den ersten Blick auch in die »klassische« Schublade passt, in der aber Frau und Mann berufstätig sind, vielleicht weil ein Einkommen nicht ausreicht, deren Alltag dadurch eher von finanziellen Existenzängsten bestimmt ist und in dem darum gestritten wird, wer den eigenen Arbeitstermin absagen muss, wenn das Kind krank ist und nicht in die Kita gehen kann.

Väter und die Elternzeit oder
Leere Rentenkontos junger Mütter

Nach Zahlen des Statistischen Bundesamts sind 29,3 % der Väter mit im Jahr 2012 geborenen Kindern in Elternzeit gegangen und haben Elterngeld beansprucht. Mehr als drei Viertel (78,2 %) dieser Väter nahmen jedoch nur die beiden sogenannten Vätermonate, die ein Elternpaar zusätzlich erhält, wenn sie vom zweiten Elternteil in Anspruch genommen werden. Das bedeutet, dass nur etwa 6,4 % der Väter drei oder mehr Monate in Elternzeit waren. Väter gehen überproportional häufig bei Mehrlingsgeburten in Elternzeit und wenn sie vorher nicht erwerbstätig waren. Innerhalb der Elternzeit ist es möglich, weiter bis zu dreißig Stunden die Woche zu arbeiten. Nur etwa zwei Drittel aller Väter in Elternzeit setzten während der genommenen Elternzeitmonate vollständig mit der Berufstätigkeit aus. Von den Eltern, in denen auch der Vater in Elternzeit geht, nehmen nur etwa ein Drittel (34 %) ihre Elternzeitmonate nacheinander.

Zahlen sind abstrakt. Es ist manchmal schwierig, sich die entsprechende Realität konkret vorzustellen. In diesem Fall bedeuten die Zahlen, dass Frauen mit der Geburt eines Kindes wie selbstverständlich davon ausgehen können, die meiste Zeit mit dem Baby alleine zu sein. Der Vater wird im besten Fall nur vereinzelt unterstützend da sein und, wenn überhaupt, einige wenige Monate ganz zu Hause bleiben. Oder wie es Elisabeth über ihren Ex-Mann formuliert: »Elternzeit? … Die hat mein Alter zum Auspennen genutzt.« Die Anzahl der Väter, die selbstständig und allein die Verantwortung für die Pflege, Betreuung und Erziehung des gemeinsamen Kindes für mehr als zwei Monate übernehmen, ist statistisch kaum der Rede wert.

2007 wurde das Elterngeld eingeführt und seitdem als großer Erfolg und Meilenstein für die Väterbeteiligung gefeiert. Sicherlich hat sich durch die Einführung etwas geändert. Anhand der genannten Zahlen lässt sich jedoch darüber streiten, ob es sich nicht eher um ein winziges Schrittchen handelt, das seitdem gegangen wurde. Doch warum kümmern sich Väter in der ersten Zeit immer noch so wenig um ihre Kinder, obwohl viele Studien herausfinden, dass sie es doch eigentlich gerne mehr tun würden?

Frauen verdienen weniger als Männer. Dass sich das in näherer Zukunft grundlegend ändert, ist nicht abzusehen. Der Gender-Pay-Gap besteht in den letzten Jahren weitgehend konstant und auf nahezu unverändertem Niveau. In vielen Familien macht es daher einen spürbaren Unterschied, welches der beiden Einkommen für den Zeitraum der intensiven Kinderbetreuung ausfällt. In der Mehrzahl der Fälle sind die kurzfristigen finanziellen Einbußen einer Familie schlicht geringer, wenn die Frau zu Hause bleibt. Mit Kind steigt das Bedürfnis nach wirtschaftlicher Sicherheit. Die finanziellen Einbußen möglichst gering zu halten, wird zu einem echten und häufig genannten Argument, wenn es um die Erklärung geht, warum überwiegend die Mutter nach der Geburt zu Hause bleibt.

Auch wenn der Einkommensausfall zumindest im ersten Jahr durch das Elterngeld zu zwei Dritteln ausgeglichen wird, ist nicht zu leugnen, dass das wegfallende Drittel einen existenziellen Unterschied machen kann. Nicht oder nur bedingt in die Entscheidung einbezogen werden jedoch häufig die langfristigen Folgen. Die Einkommenseinbußen für die Mutter beschränken sich nicht nur auf das erste Jahr. Selbst wenn Mütter nach einem Jahr wieder arbeiten gehen, schaffen sie es statistisch gesehen in ihrem gesamten restlichen Arbeitsleben nicht mehr, das Einkommensniveau derjenigen Frauen selben Jahrgangs ohne Kinder zu erreichen. Viele Arbeitgeber gehen wie selbstverständlich davon aus, dass Mütter, die zur Kinderbetreuung zeitweise aus dem Beruf ausgestiegen sind, immer wieder ausfallen, beispielsweise, wenn das Kind krank ist. Mütter werden deshalb seltener eingestellt und befördert. Im Gegensatz dazu wird bei Vätern in der Regel davon ausgegangen, dass es da ja noch jemanden gibt, wenn das Kind mal krank ist. Sie sind daher nicht so sehr von langfristigen Einbußen betroffen. Die Mütter hingegen in jedem einzelnen folgenden Jahr ihrer Berufstätigkeit. Und dann natürlich auch bei der Rente. Es darf bezweifelt werden, ob nach diesem Befund dem geringeren Einkommensausfall für eine Familie innerhalb des ersten Jahres nach der Geburt wirklich so viel Aussagekraft beigemessen werden sollte.

Eine in den ersten Lebensjahren des Kindes etablierte Arbeitsaufteilung ist später schwer wieder in Frage zu stellen und rückgängig zu machen. Viele Väter tauchen jahrelang eher als Wochenendpapa oder als vermeintlich neuer und moderner Vater im Rahmen von einzelnen Elternzeitmonaten auf, arbeiten in Vollzeit und müssen sich ums Durchschlafen, die Suche nach dem Kitaplatz oder die Krankheit des Kindes eher weniger Gedanken machen. Dennoch beschweren sie sich dann über das sogenannte Gatekeeping der (Ex-)Partnerin, die beispielsweise nach der Trennung erst einmal skeptisch ist, wenn der Vater mehr Zeit mit dem gemeinsamen Kind beansprucht.

Neben dem finanziellen Argument für die einseitige Aufteilung der Elternzeit wird auch hin und wieder vorgebracht, dass Mütter gar nicht so sehr daran interessiert seien, die Väter mehr zu beteiligen. Die Betreuung, Versorgung und Pflege eines Babys ist ein 24-Stunden-Job. Was alles zu tun ist, reicht, um auch zwei Menschen ausreichend zu beschäftigen. Während es als selbstverständlich erachtet wird, dass der überwiegende Teil dieser Aufgaben von der Mutter übernommen wird, können sich Väter aussuchen, inwieweit und in welcher Form sie sich daran beteiligen. Sicher ist es für viele Mütter nicht einfach, entgegen der gesellschaftlichen Rollenerwartung die ihnen übertragene Verantwortung abzugeben oder zu teilen. Doch gibt es wohl kaum eine Mutter, die über ein Unterstützungsangebot im Umgang mit dem eigenen Kind unglücklich ist. Manchmal ist es jedoch für eine Mutter einfacher, die Aufgaben schnell selbst zu erledigen, als den Vater, der sich bisher kaum engagiert hat, erst mühsam einzuweisen. Wer ständig danach fragt, wo denn jetzt die Windeln aufbewahrt werden und ob das Kind Hunger habe, nicht im Kopf hat, wann die nächste Untersuchung beim Kinderarzt ansteht, oder sich nur die schönen Aufgaben aussucht, ist im Zweifelsfall keine Unterstützung, sondern eine zusätzliche Belastung. Derjenige ist dann am Arbeitsplatz außerhalb der eigenen vier Wände doch besser aufgehoben, um wenigstens das Familieneinkommen nach Hause zu bringen. Wer jedoch auch unangenehme Aufgaben übernimmt, wird in den seltensten Fällen davon abgehalten. Und wer von Geburt an wie selbstverständlich verantwortungsbewusst große Teile der Betreuungs-, Versorgungs-, Pflegeaufgaben sowie der Alltagsorganisation übernommen hat, darf sich meiner Meinung nach gerne beschweren, wenn die Mutter das nach einer Trennung plötzlich nicht mehr zulassen sollte.

»Reden, reden, reden« – Vom Aushandeln der Rollen

Während meiner Elternzeit mit Fritzi fing ich an, Blogs zum Thema Familien und Elternschaft zu suchen und zu lesen. Das ist noch gar nicht so lange her, aber verglichen mit dem heutigen Angebot gab es damals noch kaum etwas zu dem Thema. Schon gar nicht mit explizit feministischer Perspektive. Irgendwann, Fritzi muss schon etwa zwei Jahre alt gewesen sein, stieß ich auf den Blog *Glücklich scheitern* (*www.gluecklichscheitern.wordpress.com*). Ein paar Jahre später bin ich nun mit Melanie, der Autorin des Blogs, zum Skypen verabredet.

Melanie lebt zusammen mit ihrem Freund und den mittlerweile zwei gemeinsamen Kindern Minime und Cashew, so nennt sie die beiden in ihrem Blog, in Köln. Minime ist fast vier, Cashew noch kein Jahr alt. Im Moment ist Melanie in Elternzeit. Beim ersten Kind nahmen beide Eltern jeweils sechs Monate Elternzeit. Damals hatten beide eine feste Anstellung. Später wurde Melanie arbeitslos, ihr Partner hat sich selbstständig gemacht. Beim zweiten Kind ist deshalb nun Melanie für ein Jahr zu Hause, nach ihrer Elternzeit wird sie sich einen neuen Job suchen. Dennoch versuchen beide, sich im Alltag viele Arbeiten gerecht aufzuteilen. Seit kurzem haben sie einen genauen Plan erarbeitet, wer welche Aufgaben übernimmt, von der Nachtschicht mit dem Kleinen über die Wege zum Kindergarten mit dem Großen, das Einkaufen und Kochen, Kinder ins Bett bringen. Das bedeutet »Reden, reden, reden. Aushandeln, aushandeln, aushandeln«, sagt Melanie. Als nächstes steht mal wieder ein Gespräch über freie Abende an. Wer kann wann am Abend raus, zu einer Lesung, einem Konzert oder um mit Freundinnen oder Freunden was trinken zu gehen?

Egal, ob es sowas wie »klassische« oder »alternative« Familienmodelle gibt, letztlich geht es für alle darum, einen eigenen Weg zu finden, um mit den Belastungen und Aufgaben, die sich innerhalb einer Familie ergeben, umzugehen. Auch Familien, die von außen »klassisch« erscheinen, müssen sich arrangieren, Aushandlungen treffen, ausprobieren und überlegen, was für sie passt und was weniger gut passt, sich im Laufe der Zeit neu justieren und an eventuell veränderte Rahmenbedingungen wie neue Jobs oder Arbeitszeiten anpassen. Die Aspekte, die Melanie in ihren Texten reflektiert, sind für viele Familien relevant, auch wenn sich nicht alle die Zeit nehmen, so viel darüber zu verhandeln.

»Wenn Schwangerschaft, Geburt und die Nächte nicht wären, würde ich sechs Kinder wollen. Ich wäre ein guter Vater«, schrieb sie einmal. Wir sprechen über die Erwartungshaltung von außen, die auf Mütter einwirkt. Als sie nach der Elternzeit mit dem ersten Kind wieder an ihrem Arbeitsplatz auftauchte, äußerten viele Leute Verwunderung, dass sie so schnell schon wieder arbeiten wolle. Selbst von Leuten aus ihrem Umfeld, die ganz genau wussten, dass ihr Freund nun in Elternzeit war, wurde sie gefragt, wo sie denn ihr Kind gelassen habe. Melanie erzählt, dass sie sich in solchen Situationen oft fragt, ob ihr Freund wohl mit ähnlichen Fragen konfrontiert wird, wenn er ohne Kinder unterwegs ist.

Melanie erzählt mir auch von den Ansprüchen an sich selbst. Die Erwartung wird nicht nur von außen an Mütter herangetragen. Es gibt auch das eigene Gefühl, diejenige zu sein, die in erster Linie für Haushalt und Kinder verantwortlich zu sein hat. »Die Wohnung muss ordentlich sein, das Kind darf nicht schreien. Das sind meine Aufgaben – manchmal ist es nicht möglich, sich selbst komplett von diesem Selbstbild freizumachen.« Letztlich geht es darum, diese Dinge stattdessen als Familienaufgaben zu betrachten, für die beide Eltern im Idealfall gemeinsam eine Lösung finden müssen, sagt Melanie.

Melanie hat lange studiert, kurz gearbeitet, dann Elternzeit, wieder kurz gearbeitet, wieder Elternzeit. Sie ist mittlerweile Mitte Dreißig, und während ihr Partner bereits einige Jahre Rentenversicherungsbeiträge bezahlt, ist auf Melanies Rentenkonto, ähnlich wie bei vielen anderen Müttern in ihrem Alter, bisher noch nicht so viel angekommen. Erziehungszeiten und jahrelange Teilzeitarbeit führen viele Frauen geradewegs in die Altersarmut. Heute kann nicht mehr davon ausgegangen werden, dass Beziehungen bis ans Lebensende halten. Sich in Bezug auf die eigene Rente auf den Partner zu verlassen und das Thema ansonsten nicht weiter zu diskutieren, ist nicht unbedingt die sicherste Lösung. Melanie und ihr Partner suchten daher nach einem Weg, um die ungleiche Belastung durch die Kinderbetreuung zumindest etwas auszugleichen. Die beiden haben jeweils ein eigenes Konto sowie ein gemeinsames Haushaltskonto, auf das beide abhängig vom eigenen Einkommen unterschiedliche Beträge einzahlen und von dem alle notwendigen Familienausgaben abgehen. Zusätzlich wird vom gemeinsamen Konto eine private Rentenversicherung für Melanie bezahlt.

Die Reflexion von Geschlechterrollen und Arbeitsaufteilung spiegelt sich auch im Umgang mit den Kindern wider. Melanie erzählt, dass besonders der Große mittlerweile sehr genau mitbekomme, welche Rollen seine Eltern ihm vorleben. Während alle Leute davon sprechen, dass sein Vater arbeiten geht, spielt seine Mama scheinbar den ganzen Tag mit dem Baby. Haushalt und Kinderbetreuung werden selten als das bezeichnet, was sie sind: Arbeit. Melanie erklärt, dass sie froh ist, dass ihre Kinder zumindest wahrnehmen, dass beide Eltern putzen und kochen. Es ist kaum möglich, mit den Kindern alles zu besprechen und einzuordnen, was sie mitbekommen. Spätestens mit dem Kindergarten sinkt der Einfluss der Eltern auf die eigenen Kinder noch weiter.

Als Mutter von zwei Söhnen sieht sich Melanie besonders in der Verantwortung, ihren Kindern zu vermitteln, wie wichtig es ist, die Grenzen von anderen zu akzeptieren. Grundsätzlich müssen alle Kinder lernen, ein »Nein« eines anderen Kindes zu akzeptieren, und ich möchte das Fritzi genauso vermitteln. Letztlich hat es aber doch anhand der Geschlechter eine andere gesellschaftliche Relevanz. Es sind in der Mehrzahl Männer, die sich über den Willen von Frauen hinwegsetzen, und Kinder bekommen in Märchen vermittelt, dass es scheinbar kein Problem ist, wenn der Prinz Dornröschen ohne ihre Einwilligung küsst und nicht umgekehrt.

Klare Aufteilung? Das 50/50-Modell

Wenn Fritzi gegen zwanzig Uhr schläft, falle ich meist erst einmal auf mein Sofa und bewege mich für einen Moment nicht mehr. Für etwa fünfzehn Minuten bin ich so erschöpft, dass ich sofort einschlafen könnte. Dafür ist es aber eigentlich zu früh. Wenn ich direkt ins Bett gehe, bin ich spätestens um vier Uhr morgens wach, kann nicht mehr einschlafen und weiß um diese Uhrzeit nichts mit mir anzufangen. Und wenn ich dann um vier Uhr tatsächlich aufstehe, bin ich am folgenden Abend um zwanzig Uhr so müde, dass ich auf jeden Fall wieder direkt schlafen gehen muss. Ein Teufelskreis. Ist mir so tatsächlich bisher nicht nur einmal passiert. Also lieber nach einer Viertelstunde die Erschöpfung überwinden. Jemanden anrufen. Ein Buch lesen. Noch etwas aufräumen. Drei Stunden Zeit. Völlig ohne Kind. Naja, fast ohne Kind. Das Kind will in der Zeit zwar nichts von mir. Ich kann aber auch nicht einfach rausgehen. Ich muss zu Hause bleiben, falls Fritzi doch mal wach wird. Und noch was trinken will. Oder schlecht geträumt hat.

Drei Stunden Zeit zu Hause. Ich lese etwas in dem Buch, das ich gerade angefangen habe. Ich merke, dass ich zu müde bin, um mich in ein neues Buch und die darin vorkommenden Personen hineinzudenken. Und außerdem werde ich vom Lesen noch müder und schaffe es niemals, noch drei Stunden wach zu bleiben. Ich mache meinen Computer an. Eine Freundin hat mir den Link zu einem Blog geschickt: *www.femilyaffair.de*. Suse und Micha schreiben dort über ihr Familienmodell. Sie versuchen sich die Pflege-, Betreuungs- und Erziehungsaufgaben sowie die anfallende Hausarbeit möglichst genau 50/50 aufzuteilen. Jeweils für 48 Stunden ist eine Person für alles zuständig. Dann wird die gemeinsame Tochter an die andere Person übergeben, die dann für die nächsten 48 Stunden für alles zuständig ist. Als ich das lese, bin ich wieder wach. Das Ganze klingt sehr unflexibel und straff durchgeplant. Im Blog schreiben die beiden, dass ihr Modell von manchen auch schon als lieblos bezeichnet wurde. Ich habe aber schon so viele Familien erlebt, in denen sich beide Elternteile die anfallenden Aufgaben gerecht aufteilen wollten und die dann doch in klassische Rollen hineingerutscht sind, dass mich das Modell von Suse und Micha sehr interessiert. Ich schreibe den beiden eine Mail. Sie antworten mir schnell und wir verabreden uns.

Die drei wohnen in Kreuzberg. Heute ist Michas Nachmittag mit Karline. Wir treffen uns auf dem Spielplatz auf dem Lausitzer Platz. Fritzi, Karline, Micha und ich. Suse kommt später hinzu, noch bevor ihre Schicht mit Karline beginnt. Karline ist eineinhalb. Fritzi findet sie niedlich. Ansonsten können die beiden noch nicht so viel miteinander anfangen. Ich unterhalte mich mit Micha. Wir verstehen uns auf Anhieb. Als später Suse hinzukommt, holen wir uns ein Radler und unterhalten uns weiter. Das Abendessen wird heute etwas nach hinten verschoben. Fritzi klettert auf dem Klettergerüst, Karline spielt im Sand, und Suse, Micha und ich erzählen uns von unseren Familien, von den Vor- und Nachteilen unserer Modelle. Niemand von uns kann sich losreißen. Niemand von uns möchte nach Hause. Als Fritzi und ich doch irgendwann nach Hause fahren, freuen wir uns über den wunderschönen Nachmittag.

Ich denke viel über das Modell der beiden nach. Auf *ZEIT online* erscheint eine Artikelreihe, in der Stefanie Lohaus über die 50/50-Aufteilung mit dem Vater des gemeinsamen Kindes schreibt. Später schreiben die beiden auch ein Buch darüber: *Papa kann auch stillen. Wie Paare Kind, Job & Abwasch unter einen Hut bekommen.* Sie schreiben viel über »Gleichberechtigung« und »gerechte« Aufteilungen. Sicherlich ist es ein Fortschritt, dass solche Modelle in der Öffentlichkeit diskutiert werden. Die Lösung für alle Geschlechterungerechtigkeiten sind solche Modelle allerdings noch nicht. Es kann nicht darum gehen, dass alle Väter genau 50 % der anfallenden Aufgaben übernehmen. Das ist zumindest nicht meine Vorstellung von Gleichberechtigung.

Unterschlagen wird dabei, dass Mutter und Vater aus ungleichen Ausgangssituationen in die Diskussion um die Aufteilung der Verantwortung und der Elternaufgaben gehen. Väter haben in den meisten Fällen viele Möglichkeiten mit der eigenen Rolle umzugehen. Sie können die klassische Rolle des Familienernährers wählen oder die des »modernen« Vaters, der sich für sein Kind engagiert. Viele Väter wählen auch eine dritte Möglichkeit: Sie entziehen sich (nahezu) komplett der Verantwortung und kümmern sich weder um das Kind noch tragen sie über das einklagbare Maß zum Familienunterhalt bei. Die Wahlmöglichkeiten der Mütter sehen ganz anders aus. Wenn der Vater keine Lust hat, ein »moderner« Vater zu sein, bleibt eigentlich nur die Option, beim Kind zu bleiben. Und selbst wenn ein Vater für eine 50/50-Aufteilung plädiert, liegen die Möglichkeiten der Mutter immer noch nur zwischen »beim Kind bleiben« und »die Hälfte der Zeit beim Kind bleiben«. Von Müttern wird häufig wie selbstverständlich erwartet, dass sie ihre Mutterrolle erfüllen, indem sie (notfalls auch alleine) das Kind großziehen. Auch die fehlenden Betreuungsangebote, gerade für kleinere Kinder, begrenzen in den meisten Fällen die Möglichkeiten der Mütter. Wenn nun Väter ihre Entscheidung gegen die klassische Rolle des alleinigen Familienernährers und für eine 50/50-Aufteilung als Zugeständnis zu einer fairen und »gleichberechtigten« Lösung verkaufen wollen, lassen sie sich für eine Entscheidung feiern, die die Mutter in dieser Form erst gar nicht treffen kann.

Noch einmal: Gleichberechtigung bedeutet – zumindest in meinem Verständnis – nicht, dass beide Elternteile 50 % der anfallenden Aufgaben übernehmen müssen. Gleichberechtigung sollte vielmehr bedeuten, dass auch die Mutter die Möglichkeit haben muss, sich zu entscheiden. Und diese Möglichkeit hat sie nur, wenn der Vater gerne dazu bereit ist, aus dem Job auszusteigen und mit dem Kind auch alleine zu Hause zu bleiben. Nur dann hat auch die Mutter die Möglichkeit zu entscheiden, ob sie mit ihrem Einkommen die Familie ernähren möchte, ob sie sich komplett aus ihrer Verantwortung verabschiedet, ob sie eine 50/50-Aufteilung wünscht (oder vielleicht doch lieber mit dem Kind zu Hause bleiben möchte).

Suse und Micha ist bewusst, dass 50/50 nicht gleich 50/50 ist. In vielen Fällen ist es doch die Mutter, in diesem Fall Suse, die neben den aufgeteilten, offensichtlichen Aufgaben viele weitere unsichtbare erledigt, indem sie die Vorsorgetermine beim Kinderarzt und den Kleiderschrank im Blick hat, damit das Kind immer passende Klamotten hat.

Viele Eltern machen sich darüber weniger Gedanken. Viele Väter sind nicht bereit, aus dem Job auszusteigen und mit dem Kind alleine zu Hause zu bleiben. Deshalb freue ich mich sehr, Karline, Suse und Micha kennengelernt zu haben. Ich mag es sehr, mich mit ihnen auszutauschen, freue mich über die Gedanken, die sie sich gemacht haben und machen, freue mich über den Versuch, den sie mit ihrem Modell wagen und bin gespannt, wie sich der Weg entwickelt, den die drei zusammen gehen. Und auch bei unseren weiteren Treffen erlebe ich sie immer alles andere als unflexibel und lieblos.

Allein mit Kind: Ein-Eltern-Familien

1,6 Millionen Ein-Eltern-Familien leben in Deutschland! Das heißt, jede fünfte Familie mit Kindern unter achtzehn Jahren besteht aus einer alleinerziehenden Mutter oder einem alleinerziehenden Vater mit mindestens einem Kind. 2,3 Millionen Kinder lebten im Jahr 2013 mit nur einem Elternteil zusammen.

Als Alleinerziehende kann man sich manchmal ziemlich »allein« vorkommen und trotzdem möchten viele Eltern in diesen Familien nicht ständig daran erinnert werden, dass da vermeintlich jemand fehlt. Daher bevorzugen einige den Begriff Ein-Eltern-Familie. Sie wollen sich als komplette Familie fühlen und auch so bezeichnet werden. Als vollwertige Familie, nur eben mit einem statt mit zwei Eltern. Deshalb werde ich diesen Begriff im Folgenden hier auch überwiegend verwenden. Andere fühlen sich mit der Kategorie alleinerziehend ganz wohl. Manche bezeichnen sich auch mit dem englischen Begriff als Single-Mom oder Single-Dad. Doch sind nicht alle Eltern in Ein-Eltern-Familien automatisch Singles. Eine Mutter kann einen neuen Freund haben, der aber nicht zwangsläufig enges Mitglied der Familie ist und aus welchen Gründen auch immer wenig bis keinen Kontakt zum Kind hat. Dann ist die Mutter zwar kein Single, aber noch immer alleinerziehende Mutter in einer Ein-Eltern-Familie. Verallgemeinernde Begriffe werden nie allen gerecht.

Manche Ein-Eltern-Familien haben eine Trennungsgeschichte hinter sich. Oder die Eltern waren nie zusammen. Es gibt Kinder, die aus One-Night-Stands oder kurzen

Affären entstanden sind. Und es gibt solche, deren Mütter sich von vorneherein entschieden haben, alleine ein Kind bekommen zu wollen. Für manche Ein-Eltern-Familien verlief die Trennung schwierig und die damit zusammenhängenden Verletzungen oder Probleme bestimmen noch lange nach der Trennung den Alltag. Andere erlebten die Trennung eher als Befreiung von einer vielleicht schon länger nicht mehr funktionierenden Partnerschaft. In manchen Familien führten Schicksalsschläge wie der Tod eines Elternteils zur Ein-Eltern-Konstellation. Manchmal trennen sich Eltern sehr früh nach der Geburt eines Kindes. Manchmal erst, wenn das Kind oder die Kinder schon älter sind. Bei manchen ist das zweite Elternteil präsent und für das Kind oder die Kinder auch eine wichtige Bezugsperson. Bei anderen taucht das zweite Elternteil im Alltag kaum bis gar nicht auf. Bei einigen ist das Dasein als Ein-Eltern-Familie nur von kurzer Dauer und das alleinerziehende Elternteil findet dann recht schnell eine neue Partnerin oder einen neuen Partner und alle bilden dann zusammen eine Patchworkfamilie. Andere leben sehr lange oder für immer als Ein-Eltern-Familie. Und weil es sich bei all diesen Konstellationen nicht um ein paar Einzelfälle handelt, sondern um 20 % der Familien in Deutschland, lohnt es sich, genauer hinzuschauen.

Auch hier ist ein Blick auf die Zahlen aussagekräftig: Es gibt nicht nur Jahr für Jahr mehr Singlehaushalte – mittlerweile bestehen 40 % aller deutschen Haushalte nur noch aus einer Person. Auch die Zahl der Ein-Eltern-Familien steigt rasant. Im Jahr 1996 lag ihr Anteil an Familien mit minderjährigen Kindern bei 13,8 %. Im Jahr 2013 waren es knapp über 20 %. Tendenz steigend. Die Scheidungsrate ist zwar seit einigen Jahren konstant bzw. sogar leicht rückläufig. Da aber sowieso immer weniger Ehen geschlossen werden und immer weniger Kinder innerhalb von Ehen geboren werden, bremst diese Entwicklung die Zunahme von Ein-Eltern-Familien kaum. Der Trend geht also eindeutig zum Zusammenleben in immer kleineren Einheiten. Gerade in Bezug auf die Erziehung, Betreuung und Versorgung von Kindern wird diese Entwicklung zu einer der größten gesellschaftlichen Herausforderungen unserer Zeit. Denn die Begleitung von Kindern auf dem Weg zum Dasein als (im besten Fall glückliche) Erwachsene erledigt sich in den seltensten Fällen einfach so nebenbei.

Alleinerziehend zu sein betrifft in der überwiegenden Mehrzahl Frauen. Von den 1,6 Millionen Ein-Eltern-Familien bestehen etwa 1,45 Millionen aus einer Mutter mit mindestens einem Kind und nur 0,17 Millionen aus einem Vater mit mindestens einem Kind. Dabei gilt: Je jünger das jüngste Kind ist, desto seltener ist die Vater-Kind-Konstellation. Alleinerziehende Väter mit einem Kind bis zu drei Jahren sind statistisch praktisch nicht zu erfassen. In den Tabellen des Statistischen Bundesamts steht in den betreffenden Zeilen ein einfaches »–«. Dagegen gibt es 221.000 alleinerziehende Mütter mit mindestens einem Kind im Alter unter drei Jahren. Erfolgt die Trennung innerhalb der ersten drei Lebensjahre eines Kindes oder waren die Eltern nie zusammen, liegt die Wahrscheinlichkeit, dass die Mutter alleine mit dem Kind dasteht, grob überschlagen also bei mindestens 99 %.

»Mutterseelenalleinerziehend« –
Die Benachteiligung Alleinerziehender

Ich gehe zu einer Diskussionsveranstaltung in einem Familienzentrum in Berlin-Pankow. Dort liest unter anderem Maike von Wegen ein paar Abschnitte aus ihrem Buch *Mutterseelenalleinerziehend: Ein Kind und weg vom Fenster* vor. Nach der Veranstaltung spreche ich sie im Hof des Zentrums an. Seit vielen Jahren engagiert sie sich für die Belange von Ein-Eltern-Familien, schreibt für unterschiedliche Zeitungen, Magazine und Onlineplattformen. Wir sitzen auf den Stufen in der Sonne. Wir erzählen uns von unseren Familien. Ich habe ihr Buch noch nicht gelesen. Wir verabreden uns.

An einem Nachmittag treffen wir uns zu viert auf dem Kinderbauernhof in Kreuzberg. Laura, Maike, Fritzi und ich. Laura ist zehn. Fritzi findet Laura total spannend. Die ist jedoch eher gelangweilt und kann mit Fritzi nicht so viel anfangen. Dass sie so früh ein Kind bekommen habe, sie war Zwanzig, sei für Laura oft schwierig. Erst habe sie überhaupt keine Freundinnen gehabt, die auch schon Kinder hatten, erzählt Maike. Nun seien die Kinder meistens jünger, wenn sie sich mit anderen Familien verabredeten, so wie bei uns heute.

Lauras Vater hat sich schon sehr früh der Verantwortung entzogen. Auch er war bei Lauras Geburt noch ziemlich jung, nicht bereit, sich auf eine Familie und die dazugehörige Verantwortung einzulassen, und verließ Maike und die gemeinsame Tochter. Ob Maike bereit war, sich auf eine Familie und die dazugehörige Verantwortung einzulassen, wurde sie von niemandem gefragt. Stattdessen war sie jung und alleine mit Kind. Von ihrer Familie erhielt sie keine Rückendeckung. Sie musste erfahren, wie schwierig die Suche nach staatlicher Unterstützung sein kann. Irgendwann merkte sie, dass sie sich zwar mutterseelenalleinerziehend fühlt, aber deshalb noch lange nicht mit ihrer Situation alleine ist. Wie bereits erwähnt: Es handelt sich um 1,6 Millionen Familien. Damit war ihr Problem plötzlich nicht mehr nur ein individuelles, sondern auch ein politisches. Irgendwann wollte Maike nicht mehr nur frustriert und überfordert alleine mit Kind zu Hause sitzen. Sie begann, sich mit anderen Müttern, die sich in ähnlichen Situationen befanden, auszutauschen und zu vernetzen. Und sie begann darüber nachzudenken, wie es sein kann, dass sich in unserer Gesellschaft so viele Eltern alleingelassen fühlen und ihre Bedürfnisse scheinbar nirgendwo wahrgenommen werden. Seit einigen Jahren versucht sie nun, diesen Eltern eine Stimme zu geben. Maike schreibt Texte, tritt in Talkshows auf, streitet über die Absurdität und Unwirksamkeit von Bildungspaket, Betreuungsgeld und Ehegattensplitting und schafft es immer wieder nachvollziehbar und ausgehend von ihrer persönlichen Geschichte begreiflich zu machen, was es in unserer Gesellschaft für Mütter bedeuten kann, alleine für Kinder verantwortlich zu sein.

Auf dem Kinderbauernhof sprechen wir darüber, wie unterschiedlich wir von außen wahrgenommen werden. Ich erzähle ihr, dass mir alle immer auf die Schulter klopfen. Das sei ja schön, dass sich auch mal ein Vater so toll um sein Kind kümmere. Meine Wohnung habe ich nur bekommen, weil die Frau von der Hausverwaltung es spannend fand, dass da ein Vater alleine mit Kind einziehen wolle. Niemand schaut mich komisch an, wenn ich nach den Ferien in der Kita Fritzis Hausschuhe vergessen habe. Kein Problem, so etwas könne ja mal passieren im ganzen Stress alleine mit Kind. Während ich eigentlich alles nur richtig machen kann, können Mütter in unserer Gesellschaft meistens nur alles falsch machen. Kümmern sie sich zu wenig, werden sie als rücksichtslose und egoistische Rabenmütter bezeichnet – ein Wort, das es in dieser Form nur im Deutschen gibt. Kümmern sie sich zu viel, sind sie überbehütende Helikopter- oder Gluckenmütter. Wagen sie es, sich mit Baby in einem Café zu zeigen, werden sie verächtlich als Latte-Macchiato-Mütter bezeichnet. Und gleichzeitig wird wie selbstverständlich von ihnen erwartet, dass sie trotz des ganzen Stresses gut aussehen, im Job vorankommen und sich auch noch darum kümmern, dass der Kontakt zwischen Kind und Vater aufrechterhalten bleibt. Auch wenn sich dieser kaum meldet und nur durch vorwurfsvolle Anrufe auf sich aufmerksam macht, wenn in seinen Augen irgendwas mal nicht nach Plan läuft. Maike möchte sich von diesem Druck nicht mehr entmutigen lassen. Lieber möchte sie sich dafür einsetzen, diesen Druck zu verringern und auf politischer Ebene Verbesserungen für diejenigen zu erreichen, die alleine die für die Gesellschaft essentielle Aufgabe übernehmen, im Alltag für Kinder da zu sein, für sie zu sorgen und sie großzuziehen.

Unsere Gesellschaft scheint diese Leistung wenig bis gar nicht anzuerkennen. Etwa 40 % aller Ein-Eltern-Familien leben von Hartz IV. Zum Vergleich: Bei Familien, in denen die Eltern zusammenleben, sind es nur 7 %. Und das, obwohl alleinerziehende Mütter häufiger Vollzeit arbeiten als Mütter in Paarbeziehungen. Auch Maike war selbst jahrelang immer wieder auf die staatliche Unterstützung angewiesen. Gleichzeitig geht es ihr aber nicht darum, alle alleinerziehenden Mütter und Väter als bemitleidenswert und hilfsbedürftig darzustellen. Worum es geht, ist, dass die Leistung dieser Eltern anerkannt wird, dass ihnen nicht zusätzlich Steine in den Weg gelegt und dass Benachteiligungen abgebaut werden. Verheiratete Eltern werden z. B. mit dem Ehegattensplitting massiv unterstützt, für Alleinerziehende gibt es nur einen winzigen Freibetrag. Die Arbeitszeiten in vielen Berufen sind nur sehr schwer mit der alleinigen Sorge für Kinder zu vereinbaren. Oft ist es fast unmöglich, eine Teilzeitstelle zu finden. In Berufen, in denen es solche Stellen gibt, also solchen, die eher als klassische Frauenberufe gelten, reicht das Einkommen mit einem Teilzeitjob kaum, um die eigene Familie zu ernähren. Unterhalt erhalten viele Alleinerziehende gar nicht. Etwa ein Drittel[10], manchen Studien zufolge sogar die Hälfte aller Väter[11] zahlt keinen oder nur unregelmäßig Unterhalt für das eigene Kind. Die Mutter selbst hat sowieso nur in den ersten drei Lebensjahren des Kindes Anspruch auf Unterhalt durch den Vater (natürlich gilt das auch andersrum, kommt aber durch die so geringe Zahl alleinerziehender Väter fast nie vor). Sobald das Kind drei Jahre alt ist, ist die Mutter demnach komplett alleine dafür verantwortlich, den Lebensunterhalt für sich selbst sicherzustellen, und bekommt allenfalls Unterhalt für das Kind. Wenn der Vater gar nicht für das eigene Kind zahlt, springt für höchstens sechs Jahre der Staat ein und zahlt Unterhaltsvorschuss. Allerdings besteht dieser nur aus dem Mindestbetrag und wird nur gezahlt, bis das Kind zwölf Jahre alt ist. Für sechs Jahre innerhalb der ersten zwölf Lebensjahre und alle weiteren Jahre darüber hinaus zahlt der Staat nichts, obwohl die meisten Dreizehnjährigen weiterhin etwas essen möchten, hin und wieder neue Kleidung benötigen und oft für noch einige weitere Jahre kein eigenes Einkommen vorweisen können.

Bei unserer Verabredung auf dem Kinderbauernhof mit Maike und Laura fängt es immer heftiger an zu regnen. Die Stimmung der beiden Kinder verschlechtert sich. Wir beschließen, unser Gespräch zu unterbrechen und bei einem nächsten Treffen weiterzureden. Eng an die Hauswände gedrängt, um nicht allzu nass zu werden, gehen wir zum U-Bahnhof und fahren von dort aus in unterschiedliche Richtungen nach Hause.

Väter allein zu Haus

Ein paar Tage später sind wir mit David und Tristan verabredet, die auch zusammen in Berlin wohnen. Wir wollen uns im Park auf einem Spielplatz treffen. Tristan ist etwa in Fritzis Alter. David ist einer von etwa 167.000 Vätern, die in Deutschland alleine mit mindestens einem Kind unter achtzehn Jahren leben. Etwa 10 % der alleinerziehenden Väter leben zusammen mit mindestens einem Kind im Alter bis sechs Jahren. Das jüngste Kind von etwa 90 % dieser Väter ist statistisch gesehen demnach mindestens sechs Jahre alt. Dass die Zahl der Männer, die mit Kindern unter drei Jahren alleine leben, kaum messbar ist, wurde bereits erwähnt. Alleinerziehende Väter betreuen überdurchschnittlich häufig nur ein Kind. Und sind überdurchschnittlich häufig verwitwet. Etwa 210.000 Kinder unter achtzehn Jahren leben beim Vater. Während die Zahl der Kinder, die bei alleinerziehenden Müttern leben, kontinuierlich steigt, sank die Zahl der Kinder, die bei einem alleinerziehenden Vater aufwachsen, in den letzten zwanzig Jahren sogar leicht.

Um die Väter ranken sich viele Geschichten. Immer wieder erzählt mir irgendjemand, dass sie oder er auch einen

Vater kenne, der sich alleine oder zumindest überwiegend alleine um sein Kind kümmere oder gekümmert habe. Auch die Berichterstattung und Bücher nähren diesen Eindruck. Das Schicksal treffe diese Väter »überraschend, manchmal sogar schockartig« bzw. »fast immer spontan und unvorbereitet«, berichtet zum Beispiel der selbsternannte *»Ratgeber für Single-Väter« Alleinerziehend. Männlich. Gut.* Wenn Väter alleinerziehend sind, dann scheinbar nicht in Folge einer bewusst und im besten Fall gemeinsam mit der Mutter einvernehmlich getroffenen Entscheidung, sondern aufgrund eines Schicksalsschlags, beispielsweise aufgrund von Krankheit oder Tod. Oder wie es in dem Ratgeber heißt: »Der Zustand ›alleinerziehender Vater‹ wird also häufig von der Mutter herbeigeführt«.

Tristan hatte gerade Geburtstag und ist etwas älter als Fritzi. Seit einem Monat geht er zur Schule. David ist ein oder zwei Jahre jünger als ich. Er hat Muffins für den Kindergeburtstag gebacken und die übriggebliebenen mitgebracht. Nachdem diese schnell aufgegessen sind, klettern die Kinder zusammen, und David und ich unterhalten uns über unsere Familien. David hat mein Buch über Fritzi und mich gelesen und sagt, dass er sehr beeindruckt war. Er selbst sei nie auf die Idee gekommen, nach der Geburt von Tristan zu Hause zu bleiben. Nicht einmal die beiden Vätermonate der Elternzeit hat er genommen. Trotzdem verbrachte er schon von Beginn an viel Zeit mit Tristan. Er stellte seine Arbeitszeiten um und war vor allem vormittags viel mit Tristan zu Hause, damit Tristans Mutter ihr Abitur nachholen konnte. Dafür arbeitete er dann oft bis in die Nacht. Im Familienbetrieb. Deshalb waren diese unkonventionellen Arbeitszeiten überhaupt nur einigermaßen unproblematisch möglich.

Nach der Trennung von Tristans Mutter und Davids Auszug aus der gemeinsamen Wohnung lebte Tristan erst einmal die meiste Zeit bei seiner Mutter. Irgendwann wurden aber die gesundheitlichen Probleme von Tristans Mutter so groß, dass David seinen Sohn zu sich nahm. Seit eineinhalb Jahren leben David und Tristan nun zusammen.

Die beiden Kinder kommen immer mal wieder an der Bank vorbei, auf der wir sitzen und uns unterhalten. David hat neben den Muffins geschnittenes Obst und Gemüse dabei. Ich nur Kaubonbons und ein schlechtes Gewissen, dass ich damit Davids gesunde Zwischenmahlzeit sabotiere. Es gibt ein paar Pfützen auf dem Spielplatz. Als Tristan in einer der Pfützen spielt, wird er von seinem Vater zurückgepfiffen. Gerade habe ich eine Studie gelesen, die herausgefunden haben möchte, dass Väter risikofreudiger, lockerer und cooler mit ihren Kindern umgehen. Ich frage mich, ob das nicht vor allem mit der Rolle vieler Väter innerhalb der Familien mit zwei Elternteilen zusammenhängt. Ein Vater, der das eigene Kind nicht ins Bett bringt, kann es sich leisten, noch kurz vor dem Schlafengehen spontan und lässig mit dem Kind zu toben. Den Stress, das Kind zu beruhigen und zum Einschlafen zu bringen, hat dann ja die Mutter. Väter können auch risikofreudiger mit den Kindern spielen, wenn es eine andere Person gibt, die nachher die Kinder tröstet, wenn sie sich die Knie aufgeschlagen haben. Ein Vater, der mit Kind alleine lebt, passt hingegen vermutlich genauso wie die meisten Mütter darauf auf, dass das Kind nicht den ganzen Nachmittag in nassen Schuhen herumläuft und sich dann erkältet. Wenn Tristan krank wird, ist es David, der dann zu Hause bleiben muss.

Die Vereinbarkeit von Job und Kind ist auch ohne Krankheiten für David nicht einfach. Tristan muss am

Nachmittag lange im Hort der Schule bleiben, auch wenn David versucht, an manchen Tagen in der Woche früher Feierabend zu machen. Hin und wieder sind auch Davids Eltern in Berlin und können dann Tristan von der Schule abholen. Sind sie am Wochenende da, kann David zumindest manchmal mit seinen Freunden ein Bier trinken gehen.

Ich erzähle David von meiner Idee, ein Geschwisterkind für Fritzi zu bekommen. Auch er kann sich durchaus vorstellen, noch ein weiteres Kind zu bekommen. Allerdings habe auch er gerade keine Partnerin und kann sich das auch nicht – anders als ich – außerhalb einer Beziehung vorstellen. »Ich bin aber auch noch jung«, sagt er. Wir sprechen darüber, dass es nicht so einfach ist, alleine mit Kind eine Partnerin zu finden. Dort, wo er mit Tristan wohnt, sind viele Eltern, die er auf dem Spielplatz oder im Schulkontext trifft, verheiratet oder in festen Beziehungen. Das macht es nicht einfacher für alleinerziehende Singles.

Es ist ein sehr offenes und angenehmes Gespräch. Und auch wenn es um die Schwierigkeiten der Partnersuche geht, bemitleiden wir uns nicht gegenseitig. Obwohl David sich die Probleme von Tristans Mutter und ihre Familiensituation natürlich nicht ausgesucht hat, ist er nun nicht unglücklich mit seiner Verantwortung für Tristan. Wir würden uns beide jederzeit wieder so entscheiden, versichern wir uns gegenseitig. Es wird langsam spät. Fritzi ist müde vom Tag, stolpert, weint und möchte auf meinen Arm. Das ist das Zeichen zum Aufbruch. Wir gehen zusammen zur U-Bahn-Station und verabschieden uns, steigen in unterschiedliche Bahnen und planen, ein solches Treffen irgendwann zu wiederholen.

Familiengründung als Frauenthema oder Die tickende Uhr

Das Durchschnittsalter der Mütter in Deutschland bei der Geburt ihres ersten Kindes steigt seit Jahren kontinuierlich und lag im Jahr 2013 bei 29,2 Jahren. Väter sind bei der Geburt ihres ersten Kindes im Durchschnitt noch etwas älter. Die Familiengründung verschiebt sich im Lebenslauf immer weiter nach hinten. Immer mehr Frauen kümmern sich erst um Ausbildung und Karriere und entscheiden sich dann dafür, ein Kind bekommen zu wollen. In einer Gesellschaft, in der eine Frau nicht mehr davon ausgehen kann, bis an ihr Lebensende mit dem gleichen Ehemann verheiratet zu sein, der im Laufe des gesamten Berufslebens zuverlässig und ausreichend für die ganze Familie Geld verdient, erscheint das mindestens auf ökonomischer Ebene sinnvoll. Zudem erhielt die Lebensphase zwischen dem Auszug aus dem Elternhaus der Herkunftsfamilie bis zur Gründung einer eigenen Familie in den letzten Jahrzehnten eine enorme Aufwertung. Wer früh ein Kind bekommt, verpasst daher vermeintlich unbeschwerte Jahre ohne die Last der Verantwortung für eine Familie.

Dennoch können Frauen das Kinderkriegen auch nicht unbegrenzt in die Zukunft verschieben. Nicht alle Frauen möchten Kinder haben. Diejenigen Frauen, die schwanger werden und ein Kind bekommen möchten, sind darauf angewiesen, dass der eigene Körper mitspielt. Bei einigen Frauen spielt er nicht mit. Und auch bei den Körpern, die grundsätzlich dazu in der Lage sind, schwanger zu werden, funktioniert das nur in einem begrenzten Zeitraum. Die tickende biologische Uhr ist in Diskussionen über Familienplanung zu einer viel genutzten Metapher hierfür geworden.

Wenn von dieser biologischen Uhr gesprochen wird, geht es fast ausschließlich um Frauen und darum, bis zu welchem Alter sie schwanger werden können. Bei Männern tickt die Uhr nicht so laut und sie haben zumindest theoretisch einen längeren Zeitraum zur Verfügung, um Kinder zu bekommen. Viele von ihnen könnten theoretisch auch im Alter von achtzig oder neunzig Jahren noch ein Kind zeugen. Darüber hinaus sind jedoch einige Fragen auch für Männer relevant: Wie alt möchte ich sein, wenn das Kind größer ist? Möchte ich eventuelle Enkelkinder noch erleben? Und möchte ich mit einer Partnerin ein Kind bekommen, die wesentlich jünger ist? Auch wenn viel seltener darauf eingegangen wird, betrifft es Männer letztendlich doch genauso, sofern sie mit ihrem Kind oder Enkelkind noch auf dem Spielplatz herumturnen möchten oder sich beispielsweise eine Beziehung bzw. eine Familie mit einer zumindest annähernd gleichaltrigen Partnerin wünschen. Und für eine Beziehung auf Augenhöhe ist das Alter zwar nicht das einzige, aber doch ein bedeutendes Kriterium. Statt solche Fragen zu diskutieren, machen Männer vielen Studien zufolge ihre Familienplanung viel seltener zum Thema und überlassen die Angelegenheit im relevanten Alter oft den Frauen – unter anderem mit der vermeintlichen Sicherheit, dass sie sich auch später noch für ein Kind entscheiden könnten.

Nun könnte man an die Männer appellieren, sich früher mit Familienplanung und -gründung auseinanderzusetzen. Wenn einzelne Frauen diesen Appell individuell an ihren Partner richten, hilft das jedoch nicht immer weiter: Ich treffe zufällig meinen alten Studienfreund Christian. Nachdem er sich immer häufiger mit dem Kinderwunsch seiner Partnerin und ihrem Bedürfnis konfrontiert sah, ab Mitte Dreißig mal über die Gründung einer gemeinsamen Familie nachzudenken, trennten sich die beiden, und Christian ist nun mit einer fünf Jahre jüngeren Frau zusammen. Nicht alle Männer müssen zwingend mit Mitte Dreißig ein Kind bekommen, und natürlich dürfen sie sich auch dazu entschließen, kein Kind bekommen zu wollen. Doch solange Männer diese Themen vor sich herschieben, kann keiner Frau vorgeworfen werden, sich nach einer Alternative umzuschauen. Und wenn Frauen dann auch noch davon ausgehen müssen, dass sie rein statistisch gesehen selbst bei gemeinsamem Kinderwunsch überwiegend alleine für ein gemeinsames Kind sorgen müssten, liegt die Überlegung nicht fern, einfach von vorneherein ein Kind alleine zu planen.

Single-Frauen, Kinderwunsch und Samenspende

Fritzi turnt auf einem Klettergerüst und ich unterhalte mich auf dem Spielplatz mit Natalie. Irgendwann wird Mila wach. Sie liegt im Kinderwagen neben uns. Ein winziges Baby. Natalie erzählt, dass bisher eigentlich alles recht problemlos mit Mila laufe, dass sie sich gut aneinander gewöhnt haben und bisher sehr glücklich miteinander sind. Ich erzähle, dass ich in letzter Zeit häufiger darüber nachdenke, auch nochmal einen solch kleinen Menschen bekommen zu wollen. Dass ich mit Fritzis Mutter aber nicht mehr zusammen bin und deshalb momentan nicht so genau weiß, wie ich das Thema angehen soll. Natalie antwortet, dass sie Mila auch ohne Partner bekommen habe. Mila bekommt Hunger, und wir haben keine Zeit mehr, uns ausführlicher darüber zu unterhalten. Doch ich bin neugierig geworden. Wir verabreden, das bei unserer nächsten Begegnung ausführlicher zu besprechen.

Wenige Wochen später sitzen wir am Rand desselben Spielplatzes und unterhalten uns über unsere Familien. Dafür, dass sie alleine mit einem kleinen Baby zusammenlebt, sieht Natalie überraschend wenig gestresst aus. Das Bundesministerium für Familie, Senioren, Frauen und Jugend spricht ab einem Alter von fünfunddreißig Jahren von später Mutter- bzw. Vaterschaft. Natalie hatte diese Marke bereits überschritten, als sie ihren letzten Partner kennenlernte. Er war ihr eine Zeitlang als letzte Hoffnung erschienen, doch noch Mutter werden zu können, erzählt sie mir jetzt. Als jedoch klar wurde, dass er kein Kind bekommen wollte, hat sie sich getrennt und entschieden, das Kinderkriegen alleine in die Hand zu nehmen. »Jetzt oder wahrscheinlich nie mehr«, war ihr Gedanke. Ihr war klar, dass sie nun nicht mehr darauf warten konnte, dass irgendwann doch noch der richtige Partner in ihrem Leben auftaucht. Schon länger beschäftigten sie die Themen Kinderwunsch und Familiengründung. Bisher hatte es entweder mit dem Schwangerwerden oder mit den Beziehungen nicht so geklappt wie geplant und erhofft.

Wie die meisten anderen Menschen wahrscheinlich auch hatte sich Natalie zuvor nie damit auseinandergesetzt, welche Möglichkeiten es gibt, ein Kind zu bekommen, wenn der »klassische« Weg – aus welchem Grund auch immer – nicht in Frage kommt. Nach einiger Recherche war sie davon ausgegangen, nach Dänemark reisen zu müssen, um ihren Kinderwunsch zu erfüllen, weil die rechtliche Situation in Deutschland so uneindeutig ist. Doch dann fand sie ein Internetforum für Single-Frauen, in dem sie von einem Berliner Arzt erfuhr, der auch bei Frauen eine künstliche Befruchtung mit Spendersperma durchführt, die keinen Partner haben. Kurz bevor sie dort einen Termin ausmachen wollte, meldete sich dann ein Freund bei ihr, der bereit war, ihr zu helfen und sein Sperma zur Verfügung zu stellen.

Sie war sehr überrascht, als sie hörte, wie gering die Chance ist, schwanger zu werden, sagt Natalie. Egal mit welcher Methode. Selbst beim »klassischen« Geschlechtsverkehr am richtigen Tag liegt die Wahrscheinlichkeit nur bei etwa 20–25 % pro Zyklus und damit ähnlich hoch wie bei einer künstlichen Befruchtung. Viele befruchtete Eizellen, egal auf welchem Weg die Befruchtung stattgefunden hat, beginnen gar nicht erst zu wachsen. Auch wenn die Forschung heute vieles möglich macht, ist es doch faszinierend und in gewisser Weise beruhigend, dass auch Faktoren eine Rolle spielen, die sich (noch) nicht beeinflussen und planen lassen. In Natalies Fall wurden schließlich sechs Eizellen entnommen und in drei aufeinanderfolgenden Monaten jeweils zwei davon befruchtet und wieder in die Gebärmutter eingesetzt. Die noch nicht verwendeten Eizellen wurden in der Zwischenzeit eingefroren. Erst im letztmöglichen Versuch ist sie endlich schwanger geworden. Eine erneute Entnahme von Eizellen sowie die Befruchtung wären wieder mit erheblichen Kosten verbunden gewesen. Auch so ist sie schon an ihre finanzielle Belastungsgrenze gegangen, erzählt Natalie. Einen Zuschuss von der Krankenkasse bekommen nur verheiratete Paare. Diese können 50 % der Kosten für die ersten drei Versuche zurückerhalten. Natalie musste alles selbst bezahlen.

»Mila ist ein echtes Wunschkind«, sagt Natalie. Mila hat eine Mutter, die sich sehr über sie freut und ganz bewusst für sie entschieden hat. Außerdem ist sie zufrieden, dass sie mit niemandem diskutieren muss, wenn es um Mila geht, erzählt Natalie. Wenn ihr Kind Fieber hat, kann sie alleine entscheiden, ob sie Mila Fiebersaft gibt oder nicht und wann es angebracht ist, zum Arzt zu gehen. Sie wird Mila gegenüber offen damit umgehen, wie es zu ihrer Entstehung gekommen ist und wer ihr dabei geholfen hat. Letztendlich braucht es – wie natürlich in jeder anderen Familie auch – großes Vertrauen: Was ist, wenn irgendwer der beiden Beteiligten irgendwann seine Meinung ändert? Rechtlich ist Natalies Familiensituation nur ungenügend abgesichert. Theoretisch könnte der Samenspender seine Vaterschaft und auch das gemeinsame Sorgerecht gegen Natalies Willen einklagen. Begründet wird diese rechtliche Situation häufig mit dem Kindeswohl. Ob diese Gesetzeslage und die damit verbundene Unsicherheit jedoch wirklich das Beste für ein Kind ist, darf bezweifelt werden. Das Internetforum für Single-Frauen mit Kinderwunsch (*www.sfmk-forum.de*) ist für Natalie weiterhin wichtig, um sich mit Frauen und Müttern in ähnlichen Situationen auszutauschen und gegenseitig zu beraten. Sie erfährt dort große Unterstützung, erzählt Natalie.

* * *

Ich möchte mehr über das Forum erfahren. Es ist ein geschlossenes Forum. Interessierte Frauen müssen sich per Mail vorstellen, werden dann telefonisch zurückgerufen und gegebenenfalls freigeschaltet. So soll sichergestellt werden, dass sich keine dubiosen Typen ins Forum verirren und das Forum ein sicherer Ort bleibt, an dem sich die angemeldeten Frauen auch über persönliche Angelegenheiten offen austauschen können. Ich schreibe eine Mail an die Betreiberin des Forums. Sie wohnt auch in Berlin, ihre Tochter ist in einem ähnlichen Alter wie Fritzi, und so verabreden wir uns zu einem Gespräch.

Auch das Treffen mit Anya und Lina findet auf einem Spielplatz statt. Wir stellen die Kinder einander vor und setzen uns dann auf eine Bank. Anya erzählt mir, wie sich das Forum entwickelt hat. Vor etwa zehn Jahren entstand zunächst eine Yahoo-Group zu dem Thema. Als die Zahl der angemeldeten Frauen kontinuierlich wuchs, richtete sie das Forum in der jetzigen Form ein. Jedes Jahr melden sich mehr Frauen an. Sie kommen aus ganz Deutschland, aus Großstädten wie Berlin, aber auch aus kleinen Orten und Dörfern in Baden-Württemberg, Bayern oder anderen Bundesländern, denen man eine traditionelle Einstellung in Sachen Familienplanung nachsagt. Die Frauen befinden sich in den unterschiedlichsten Stadien der Entscheidungsfindung: Manche haben erst eine grobe Idee, viele sind schon relativ entschlossen, wenn sie sich im Forum anmelden, und einige sind schon dabei, ihre Idee in die Tat umzusetzen.

Für viele Frauen ist die Entscheidung, alleine ein Kind zu bekommen, keine Ideallösung. Sie hätten gerne auf anderem Weg und zusammen mit einem Partner ein Kind bekommen, es hat aber immer aus irgendwelchen Gründen nicht funktioniert. Die Mehrzahl der Frauen sehen es nun als letzte Möglichkeit an, doch noch zu einem Kind bzw. zu einer Familie zu kommen. Oft lag es an den Männern, so erzählt mir Anya, die sich in den Beziehungen gegen Kinder ausgesprochen haben und die andere Prioritäten setzen, als eine Familie zu gründen.

Früher hätten Frauen wesentlich länger gezweifelt, ob diese Familienplanung die richtige ist, bevor sie sich letztendlich alleine für ein Kind entschieden. Mittlerweile beobachtet Anya ein gestiegenes Selbstbewusstsein bei den Frauen. Seit einiger Zeit melden sich auch vermehrt jüngere

Frauen an, die diese Variante der Familiengründung wie selbstverständlich als eine mögliche unter vielen betrachten und weniger als »letzte Rettung« und als Resultat eines Scheiterns bisheriger Familiengründungsversuche. Sich als Frau alleine für ein Kind zu entscheiden, wird somit in gewisser Weise zum selbstbestimmten Umgang mit dem Unwillen vieler Männer, sich mit Familienplanung zu beschäftigen.

Schwanger werden die Frauen des Forums entweder durch anonymes Spendersperma aus einer Samenbank oder durch eine Samenspende aus dem Freundeskreis. Ein großes Problem besteht in der unklaren rechtlichen Situation. Grundsätzlich verboten ist die Samenspende für Single-Frauen nicht, aber es ist ein Graubereich. »Da muss was passieren«, sagt Anya. Es gibt Regelungen an unterschiedlichen Stellen, im Bürgerlichen Gesetzbuch, im Embryonenschutzgesetz und in den Richtlinien der Bundesärztekammer sowie in denen der Landesärztekammern, an die die Ärzte zwingend gebunden sind.

Einzelne Ärztinnen und Ärzte führen künstliche Befruchtungen bei Single-Frauen durch. Einige, die vor wenigen Jahren noch als Geheimtipp galten, gehen mittlerweile offener damit um. Für Frauen aus eher ländlichen Regionen ist es jedoch mitunter noch sehr schwer, einen Arzt zu finden, der die Befruchtung durchführt. Einige zum Beispiel lehnen es mit der Begründung ab, dass nicht klar ist, ob sie eventuell unterhaltspflichtig werden, wenn sie eine Schwangerschaft herbeiführen, ohne dass es einen bekannten Vater zum Kind gibt. Verschiedene Gerichtsurteile haben in der Vergangenheit das Recht eines Kindes auf Kenntnis der eigenen Abstammung gestärkt. Die Unsicherheit über etwaige Unterhaltszahlungen gilt selbstverständlich auch für die Spender – die wiederum gegebenenfalls Schadenersatz von den Samenbanken fordern könnten. Diese Dinge rund um die Anonymität des Spenders und etwaige Unterhaltsforderungen sind bisher nicht klar geregelt. Die Offenheit im Umgang mit dem Thema ist in den letzten Jahren dennoch auch unter Medizinern gestiegen. Und bisher ist nicht bekannt, dass ein Arzt auf Unterhalt verklagt worden ist.

Anya hat sich schon häufiger gefragt, was Männer dazu bringt, ihren Samen zu spenden – egal ob im Freundeskreis oder anonym. Eine nicht unerhebliche Anzahl an Männern ist zwar einerseits nicht am Thema Familiengründung interessiert, aber andererseits durchaus bereit, den eigenen Samen zu spenden. Zu einigen dieser Männer konnte Anya Kontakt aufnehmen und sie interviewen. Wirklich klar wurde deren Intention jedoch nicht. Bei manchen Spenden auf freundschaftlicher Basis planen die Eltern eine aktive Vaterschaft, also auch einen Umgang zwischen Kind und Vater. Das ist jedoch im Forum eher die Ausnahme und die aktive Vaterschaft besteht dann zumeist zwar aus regelmäßigem, aber doch seltenem Umgang des Vaters mit dem Kind. Von einer Familie weiß Anya, dass die Mutter mit dem Samenspender aus ihrem Freundeskreis nun zusammen ist. Durch das gemeinsame Kind fanden sie auch als Paar zusammen.

Von Jahr zu Jahr melden sich mehr Frauen im Forum an, was wohl repräsentativ für den Umgang mit dem Thema in unserer Gesellschaft steht. Während in den USA – vor allem aufgrund der klareren rechtlichen Situation – schon seit vielen Jahren auch in der Öffentlichkeit über Spendersamen für Single-Frauen diskutiert wird und es viel mehr Informationsangebote, Foren und Anlaufstellen gibt, kommt die

Auseinandersetzung damit in Deutschland erst langsam in Gang. Immer häufiger bekommt Anya in letzter Zeit Medienanfragen. Doch bleibt das Thema umstritten, die Frauen werden zuweilen angefeindet. Das reicht von der Zuschreibung als egoistisch bis hin zur Beleidigung, ihre Art der Familiengründung sei abartig.

Wie die Kinder irgendwann einmal über die Entscheidungen der eigenen Mütter denken, alleine eine Familie zu gründen, ist schwierig vorherzusagen. Erfahrungswerte gibt es noch zu wenige. Sich auszutauschen ist daher für die Single-Frauen mit Kind umso wichtiger. Das Forum organisiert einmal im Jahr ein Treffen, bei dem sich auch die Kinder kennenlernen. Auch wenn für Anya ihre Familienform so selbstverständlich geworden ist, dass sie keine moralische Unterstützung mehr braucht, möchte sie den Kontakt auch ihrer Tochter zuliebe nicht abreißen lassen. So hat diese später die Möglichkeit, sich mit anderen Kindern auszutauschen, die aus ähnlichen familiären Verhältnissen kommen.

Anya schreibt ausgehend von den Erfahrungen aus dem Forum auch ein Buch: *Mutter, Spender, Kind. Wenn Singlefrauen Familien gründen*. Ein Single-Mann mit Kinderwunsch ist im Rahmen ihrer Recherche ein seltener Sonderfall. Deshalb interessiert sie sich auch für meine Geschichte. Wir verabschieden uns am späten Nachmittag, Fritzi schwingt sich auf ihr Fahrrad und wir machen uns auf den Weg nach Hause.

* * *

Unabhängig davon, ob man es gut finden mag oder nicht, klar ist, viele Menschen sind nicht mehr bereit, sich aneinander zu binden, oder zumindest nicht in der Form, wie es vor fünfzig Jahren die Regel war. Diese Entwicklung verstärkt die Dringlichkeit, sich mit der Frage auseinanderzusetzen, wie sich Familien individueller und ohne vorhandene Paarbeziehung organisieren können. Im Vergleich zur großen Zahl der Ein-Eltern-Familien scheint die Zahl der Frauen, die geplant von Beginn an ihr Kind allein bekommen, noch gering. Statistiken gibt es hierzu noch nicht. Vor dem Hintergrund der angesprochenen Themen ist es allerdings keine allzu gewagte Prognose, dass die Zahl weiter ansteigen und die Frage, wie die Gesellschaft auf diesen Trend reagiert, an Bedeutung gewinnen wird.

Mütter, die alleine ein Kind bekommen, sind mehr als andere darauf angewiesen, eine sichere Kinderbetreuung in Anspruch nehmen zu können und einen Job zu finden, in dem kinderfreundliche Arbeitszeiten möglich sind. Grundsätzlich gilt das natürlich für alle Eltern, die ganz oder überwiegend alleine für ein Kind sorgen (müssen). Sie sind etwas mehr gefragt, sich Gedanken über eine Absicherung im eigenen Todesfall zu machen. Und es macht für sie vielleicht mehr Sinn, über Unterstützungsmöglichkeiten nachzudenken, wie beispielsweise das Wohnen in einer Wohngemeinschaft oder die Einbindung weiterer Personen in die Familienverantwortung beispielsweise in Form von Patinnen oder Paten.

Mitbewohner und andere Bezugspersonen

Wenn ich Fritzi am Abend ins Bett gebracht habe, bin ich alleine zu Hause. Oft bin ich glücklich darüber, meine Ruhe zu haben. Manchmal wünsche ich mir allerdings, noch mit irgendjemandem plaudern zu können, ohne mich groß verabreden zu müssen. Und ohne dass ich mich verpflichtet fühle, mindestens ein oder zwei Stunden mit dem Besuch zu sprechen, weil die Person extra bei mir vorbeigekommen ist.

Eine Wohngemeinschaft würde zumindest gegen diese Einsamkeit an den Abenden helfen. Fritzi und ich wohnen in einer Dreizimmerwohnung. Wir wohnen dort, seit Fritzi wenige Monate alt ist. Seitdem haben die Mieten einen riesigen Sprung gemacht. In Berlin über die steigenden Mieten zu sprechen, ist fast schon wie übers schlechte Wetter zu reden. Wenn man mal nicht weiß, worüber man sich unterhalten soll und das Wetter gerade zu gut ist, um sich darüber zu beschweren, kann man wunderbar über die Mietpreise sprechen. Die Person gegenüber kann garantiert mitreden und von eigenen Erfahrungen berichten.

Ich würde manchmal gerne in einer schönen großen WG leben. Ich möchte eine große Familie haben und habe auch nichts gegen eine Familie in Form einer Wohngemeinschaft. Ich habe schon in einigen tollen WGs gewohnt, die mehr für mich waren als nur günstige Wohnmöglichkeiten. Ich möchte gerne mit netten Freundinnen und Freunden und deren Kindern zusammenwohnen. Wahrscheinlich bin ich aber etwas zu anspruchsvoll. Die Wohnung, in der wir wohnen, ist schön. Eine ähnliche, zentral gelegene und bezahlbare Dreizimmerwohnung werde ich so einfach nicht wieder finden. Auch mit zwei Kindern könnte ich hier wohnen bleiben und jedes Kind könnte sogar ein eigenes Zimmer bekommen. Ich werde diese Wohnung nicht einfach aufgeben und mich in irgendein WG-Projekt stürzen. Ich rede hin und wieder mit Freundinnen und Freunden übers Wohnen und über mögliche Formen des Zusammenlebens. Der Leidensdruck ist allerdings gerade nicht groß genug, um mich wirklich intensiv um Veränderung zu bemühen.

* * *

Wir verabreden uns mit Anna und Khaya. Die beiden leben in einer WG. Khaya ist etwa ein halbes Jahr jünger als Fritzi. Wir treffen uns in einer Ausstellung in einem Friedrichshainer Club. Khaya und Fritzi spielen zusammen am Tischkicker. Um etwas sehen zu können und nicht die ganze Zeit die Stangen ins Gesicht zu bekommen, stehen die beiden auf leeren Bierkästen. Fritzi und ich waren vorher das gesamte Wochenende unterwegs, wir sind sehr müde und gehen schon bald wieder nach Hause, ohne dass ich mich mit Anna ausführlicher über unsere Familien und ihr WG-Leben unterhalten kann.

Ein paar Tage später kommen Anna und Khaya zu uns und wir gehen zusammen Eis essen. Anna und Khaya wohnen in einer WG mit einem Mitbewohner. Zuerst hatten sie eine Mitbewohnerin, mit der das Zusammenwohnen aber nicht so optimal geklappt hatte. Ihr gefiel es nicht, dass es abends in der Wohnung ruhiger zuging und dafür morgens manchmal schon recht früh wieder etwas lauter war. Ihr Nachfolger ist nun ein absoluter Glücksgriff. Khaya hängt zwischendurch auch mal in Gordons Zimmer rum und malt an dessen Schreibtisch, während er arbeitet. Anna erzählt, dass sie manchmal sogar ganz spontan am Abend noch mit Freundinnen oder Freunden ein Bier um die Ecke trinken gehen kann, wenn Khaya schläft und der gemeinsame Mitbewohner zu Hause ist.

Der Mitbewohner ist nicht der Einzige, der Anna mit Khaya unterstützt. Vor einiger Zeit hat sie von einem Bekannten gehört, der gerne ein Kind hätte. Leider war die Realisierung dieses Plans für ihn nicht so einfach. Seit etwa zehn Jahren ist er mit seinem Mann verheiratet. Noch immer dürfen homosexuelle Paare gemeinsam kein Kind adoptieren. Anders als lesbische Paare können sich schwule Paare auch nicht einfach einen Samenspender suchen und dann zusammen ein Kind bekommen. Wobei es für lesbische Paare in der Realität natürlich auch nicht immer einfach ist, einen Kinderwunsch zu erfüllen. Nachdem die Beziehung der beiden Männer über die Diskussionen um den gemeinsamen Kinderwunsch fast zerbrochen war, beschlossen sie, den Wunsch aufzugeben und stattdessen nach anderen Möglichkeiten zu suchen, für ein Kind Verantwortung zu übernehmen. Anna lernte die beiden kennen und seit einiger Zeit verbringt Khaya nun jeden Montag seinen Nachmittag nach der Kita bei dem Paar.

Anna hat die Nachmittage ihres Sohnes gut organisiert. Am Dienstag geht Khaya nach der Kita mit einer Kindergartenfreundin nach Hause. Für den Mittwoch leistet sich Anna eine Babysitterin. Am Donnerstag ist dann Anna dran, Khaya und seine Kindergartenfreundin aus der Kita mitzunehmen. Und für den Freitag gibt es noch eine weitere Person in Khayas Leben. Einen Freund, der früher im gleichen Haus gewohnt und viel mit Anna und Khaya unternommen hatte, hat sie gefragt, ob er nicht an einem Tag fest für Khaya da sein möchte. Zu ihrer eigenen Überraschung hat er sofort zugesagt und das bisher auch sehr zuverlässig und verbindlich eingehalten.

Khaya kommt mit all dem gut zurecht. Er erzählt in der Kita stolz von seinen Bezugspersonen. Und auch Anna fühlt sich wohl mit dem Wochenplan ihrer Familie. Sie wisse auch nicht genau, warum sie so locker damit umgehen kann. Viele Mütter haben Probleme, ihr Kind so viel Zeit durch andere Personen betreuen zu lassen. Dazu gehört natürlich auch zu akzeptieren, dass die anderen Bezugspersonen manchmal andere Ansichten haben und jeweils eigene Themen ins Familienleben einbringen. Für Anna ist es aber auch die einzige Möglichkeit, ihr Leben so zu leben, wie sie das gerade tut. Eine Zeitlang hat sie sehr viel gearbeitet. Nicht so sehr, weil sie es wollte, sondern einfach aus finanzieller Notwendigkeit. Unterhalt für Khaya hat sie noch nie bekommen. Der Unterhaltsvorschuss des Jugendamts endet nach sechs Jahren, genau dann, wenn Khaya demnächst in die Schule kommt. Dann wird es für sie noch etwas härter. Neben der beruflichen Arbeit war sie schon immer sehr engagiert. Sie bietet Skatekurse für Mädchen an und hat ein Musiklabel aufgebaut. Ich kenne Anna schon einige Jahre, noch aus einer Zeit, bevor wir beide Kinder hatten. Schon immer war ich sehr beeindruckt von ihrem Engagement und davon, wie sie das alles regelt.

Wir sitzen mittlerweile auf dem Boxhagener Platz auf der Wiese. Die Kinder spielen zusammen. Immer mal wieder kommt eines zu uns, möchte was trinken oder kurz auf dem Schoß sitzen, um dann wieder zurück auf den Spielplatz zu rennen. Manchmal ist das natürlich alles nicht so einfach gewesen, erzählt mir Anna. Wir berichten uns gegenseitig von unseren Mutter-Kind-Kur-Erlebnissen. Alleine mit Kind ist die Wahrscheinlichkeit recht hoch, irgendwann in den ersten Jahren etwas überfordert zu sein. Ich war dann mit Fritzi zur Kur an der Ostsee, Anna war mit Khaya im Allgäu. Ich erzähle von meinen Geschwister-kind-Plänen. Anna kann sich auch vorstellen, ein zweites Kind zu bekommen. Gerade gehe es ihr aber sehr gut und es sei schön, dass Khaya so selbstständig ist und sie deshalb viele Freiheiten hat. Daher denke sie gerade nicht an ein Geschwisterkind. Ihr Mitbewohner wird demnächst aus- und mit seiner Freundin zusammenziehen. Es ist unklar, ob Anna und Khaya mit dem nächsten Mitbewohner wieder so viel Glück haben. Die Suche nach einem neuen Menschen, mit dem das Zusammenleben ähnlich gut passt, ist die nächste Herausforderung für die beiden. Es wird langsam spät. Anna und Khaya bringen uns noch bis vor unsere Haustür und fahren dann auf ihren Fahrrädern nach Hause.

Handlungsbedarf

Es ist unmöglich, in einem Buch alle möglichen Konstella-tionen von Ein-Eltern-Familien darzustellen. Wie bereits beschrieben, können die Vorgeschichten sehr unterschiedlich sein und auch die aktuellen Lebensrealitäten der einzelnen Familien unterscheiden sich teilweise sehr stark voneinander. Vielleicht ist es auch gar nicht sinnvoll, diese vielen unter-schiedlichen Familien unter einem Oberbegriff zusammen-fassen zu wollen. Wer sich trotzdem dafür entscheidet, wie ich in diesem Buch, muss sich in besonderem Maße der Vielfältigkeit, die dahinter steckt, bewusst sein.

Sicher ist: Ein-Eltern-Familien sind gesellschaftliche Realität. Sicher ist zweitens: Schon für zwei Eltern ist ein Kind eine echte Herausforderung, für eine Mutter oder einen Vater allein ist es eine noch anspruchsvollere Aufgabe, sich um ein Kind zu kümmern. Und drittens ist sicher: Es gibt noch immer viele Menschen, die Ein-Eltern-Familien mit Vorurteilen betrachten, die den Feminismus für den rasanten Anstieg der Anzahl dieser Familienkonstellationen verantwortlich machen oder alleinerziehenden Müttern vorwerfen, sie seien selbst schuld an ihrer Situation. Diese drei Aspekte erfordern unterschiedliche Maßnahmen.

Bezogen auf den ersten Aspekt ist eine Forderung relativ einfach zu formulieren: Die Realität muss schlicht und einfach anerkannt werden. Es muss bei allen, die sich mit Familien beschäftigen, vor allem jedoch in der Politik, ankommen, dass es Ein-Eltern-Familien gibt und dass ihre Stimmen bei allen Diskussionen um Familien und Familienpolitik zu berücksichtigen sind. Dazu gehört auch der Umgang mit dem zweiten Aspekt, der Herausforderung, ein Kind alleine groß zu bekommen. Die Ungerechtigkeiten, denen Alleinerziehende ausgesetzt sind und die durch staatliche Maßnahmen bedingt sind, wurden bereits angesprochen. Die Armutsfalle ist eine echte Gefahr für Eltern, die alleine ein Kind großziehen. Es gibt mittlerweile viele Gruppen und Organisationen wie beispielsweise den Verband alleinerziehender Mütter und Väter, die sich für die Belange von Ein-Eltern-Familien einsetzen, politische Forderungen formulieren und individuell beraten und unterstützen. Immer wieder geht es um das Ehegattensplitting, dessen Ungerechtigkeit und Unsinnigkeit mittlerweile kaum mehr jemand bestreitet. Ein-Eltern-Familien sind zur Vereinbarkeit von Familie und Berufsleben in besonderem Maße von einer funktionierenden Kinderbetreuung abhängig. Ein Betreuungsgeld in Höhe von 150 Euro hilft keiner Familie, ihren Unterhalt zu sichern. Vielmehr braucht es anständige und funktionierende Betreuungssysteme in Form von guten Kitas und verlässlichen Schulen. Es gibt Ideen der

Schaffung einer Kindergrundsicherung zur Bekämpfung von Kinderarmut, die weiter verfolgt werden sollten. Der bereits erwähnte Unterhaltsvorschuss ist ein Thema, das angegangen werden muss, aber auch die Stigmatisierung von alleinerziehenden Eltern als »hilflos, überfordert und langzeitarbeitslos«, wie es der Verband alleinerziehender Mütter und Väter beklagt. Damit sind wir schon beim dritten Aspekt angelangt. Eltern in Ein-Eltern-Familien sind nicht pauschal frustriert und verlassen. Eltern, die Verantwortung übernehmen, sind vielmehr stark und selbstbewusst. Lebenswege sind vielfältig, sehr komplex und immer einzigartig. Vorurteile helfen niemandem weiter.

Ein-Eltern-Familien sind nicht das Resultat eines individuellen Scheiterns. Vielmehr scheint es Gründe für den Zuwachs dieser Familienform zu geben, die über einzelne vermeintlich leichtfertige Entscheidungen hinausreichen. Allein die Vielzahl dieser Familienkonstellationen bezeugt, dass es sich um eine große gesellschaftliche Veränderung handelt. Die Vermutung liegt nahe, dass die Alternative, namentlich die klassische Ehe, für viele Beteiligten nicht mehr die bessere ist. Sie entscheiden sich aktiv für das Modell, alleine ein Kind großzuziehen. Die hohe Zahl von Ein-Eltern-Familien ist also auch ein Resultat der Tatsache, dass die klassische Ehe ihr Glücksversprechen nicht für alle gleichermaßen einzulösen vermag. Ehen waren über Jahrhunderte hinweg für einige Beteiligte mit Ungerechtigkeiten, Unzufriedenheit oder auch Gewalt verbunden. Wir sollten es schätzen, dass es mittlerweile einfacher ist, sich aus unglücklichen Ehen zu befreien, und die Menschen, die den Mut dazu finden, bestmöglich unterstützen.

Klar ist, dass auch die Ein-Eltern-Familie als Konzept Unannehmlichkeiten birgt. Unterstützungen im Leben alleine mit Kind jenseits staatlicher Hilfen können beispielsweise Wohngemeinschaften oder Patenschaften bieten. Andererseits sind diese beschriebenen Ideen auch keine pauschale Lösung aller Probleme. Als beispielsweise Martina, die die meiste Zeit mit ihrer etwa drei Jahre alten Tochter alleine ist, in eine WG mit einer anderen alleinerziehenden jungen Mutter zieht, sagt sie mir nach ein paar Monaten, dass sie sich das anders vorgestellt hatte. Statt der erhofften Unterstützung hat sie den Eindruck, sich in ihrer WG nun nicht mehr nur um ein Kind, sondern um drei kümmern zu müssen. Jedes individuelle Konzept, jede Idee ist sehr von den Individuen abhängig, die daran beteiligt sind. Für manche oder mit manchen passt es, gemeinsam Verantwortung zu übernehmen und zusammenzuleben. Mit anderen funktioniert es überhaupt nicht.

Die Trennung der Eltern, die Stigmatisierung, aber auch die Überforderung von Eltern in Ein-Eltern-Familien trifft nicht nur die beteiligten Erwachsenen. Auch die Kinder sind betroffen. Auch für sie kann eine solche Veränderung der eigenen Familienverhältnisse eine große Herausforderung sein. Fritzi ist manchmal traurig, dass ihre Eltern nicht mehr zusammen sind. Dennoch würde ich nicht sagen, dass es für sie besser gewesen wäre, wenn wir zusammengeblieben wären. Oft denke ich, dass die Trennung ihrer Eltern für Fritzi vielleicht sogar das Beste war, was ihr passieren konnte. Alle zwei Wochen habe ich fünf Tage Zeit, um mich von Fritzi zu erholen. Und sie hat fünf Tage Zeit, um sich von mir zu erholen. Vor allem im Zusammenleben mit jüngeren Kindern können viele Eltern kaum mal eine Nacht alleine verbringen. In manchen Familien sind es die Großeltern, die für ein paar Tage Entlastung sorgen können. Manche Eltern können sich bestenfalls auf einer Geschäftsreise erholen – und diese Art Reisen sind selten wirklich als Erholung zu bezeichnen. Ich gehe nicht so weit und empfehle allen Eltern mit Blick auf das Kindeswohl, sich zu trennen. Doch wenn ich erlebe, wie sehr wir uns alle zwei Wochen freuen, uns wiederzusehen, wie wir uns von unseren Erlebnissen dieser fünf Tage erzählen und wieviel entspannter ich nach dieser Auszeit bin, wenn Fritzi beispielsweise beim Abendbrot ihren Becher umkippt, dann möchte ich zumindest die oftmals wiederholte Phrase in Frage stellen, Kindern ginge es grundsätzlich am besten, wenn die eigenen Eltern noch ein Paar sind und alle immer zusammenleben.

Kinder brauchen Menschen, die sich um sie kümmern. Kinder brauchen feste Bezugspersonen. Kinder brauchen Vorbilder. Ob das die Eltern sind, Mitbewohner, Patinnen oder Paten, die Großeltern oder der neue Partner oder die neue Partnerin, ist eher nicht entscheidend. Wichtig ist vielmehr die Verlässlichkeit. In vielen vermeintlich klassischen Familien spielt der Vater für die Kinder auch heute noch keine große Rolle. In den seltensten Fällen übernehmen eine Mutter und ein Vater gemeinsam gleichermaßen Verantwortung für die Betreuung, Erziehung und Pflege eines Kindes. Immer mehr Frauen wünschen sich Studien zufolge eine gleichberechtigte Arbeitsaufteilung innerhalb einer Familie. Unter den Männern ist es noch immer keine Mehrheit, die sich ein solches Familienkonzept wünscht. Schuld an der Misere der vermeintlich klassischen Familie ist dann also nicht der Feminismus. Schuld sind nicht die Mütter, die sich eine gleichberechtigte Aufteilung der familienbezogenen Arbeiten wünschen. Schuld sind die Männer, die mehrheitlich noch immer nicht dazu bereit sind, ihren Teil der Verantwortung bzw. ihren Teil der Hausarbeit sowie der Betreuungs-, Erziehungs- und Pflegearbeit zu übernehmen. Ob die Rolle eines Wochenendvaters beispielsweise durch die Großmutter oder einen Paten übernommen wird, macht keinen grundsätzlichen Unterschied. Und die Frage der Relevanz des Geschlechts der Bezugspersonen wurde ein paar Seiten zuvor bereits diskutiert: Das Geschlecht sagt wenig darüber aus, ob eine Person dem Kind das Knüpfen von Gummiarmbändern oder das Renovieren einer Wohnung beibringen kann oder möchte.

Schließlich gibt es ganz konkrete Themen, die gesetzlich klar geregelt werden müssen, allen voran die Familiengründung von Frauen durch Samenspende. In der Frage des Sorgerechts und der eingetragenen Elternschaft muss dringend Rechtssicherheit geschaffen werden. Wie kann der Umgang mit Spendersamen geregelt werden, so dass die Bedürfnisse aller Beteiligten berücksichtigt werden? Vor allem bei einer Samenspende im Freundeskreis, die für viele Frauen die bevorzugte Lösung zur Erfüllung des Kinderwunschs darstellt, ist großes Vertrauen gefragt. Die Sorgen, der Samenspender könnte auch nach der Geburt ohne Probleme und ohne Zustimmung durch die Mutter die Hälfte des Sorgerechts bekommen, die Mutter könnte die Anerkennung der Vaterschaft einklagen und daraufhin Unterhalt verlangen, spielen aktuell eine große Rolle. Der Gesetzgeber muss hier dringend eine Möglichkeit schaffen, diese Unsicherheiten – auch im Sinne des Kindeswohls – zu beseitigen. Diese Fragen sind auch für homosexuelle Paare relevant, worauf ich noch zu sprechen komme. Zudem sollte darüber nachgedacht werden, wie möglich gemacht werden kann, dass sich andere Menschen außer den Eltern an der Verantwortung für ein Kind beteiligen und dies auch rechtlich festgehalten und abgesichert werden kann.

Unzählige Konstellationen: Patchworkfamilien

Als Patchworkfamilien werden in der Regel Familien bezeichnet, in denen mindestens ein Elternteil ein Kind aus einer früheren Beziehung mit ins Zusammenleben bringt. Früher wurden solche Familien auch Stieffamilien genannt. Aufgrund diverser böser Stiefmütter in Märchen ist der Begriffsteil Stief- mittlerweile nicht mehr sehr beliebt und so werden diese Familien häufiger mit dem englischen Begriff für Flickwerk bezeichnet. Bei Wikipedia wird man bei einer Suche nach »Patchworkfamilie« noch immer zum Artikel über die »Stieffamilie« weitergeleitet und auch meine automatische Rechtschreibüberprüfung beanstandet das Wort, während ich das Manuskript zu diesem Buch schreibe. Mit Begriffen ist es eben so eine Sache. Manche bevorzugen den Begriff Patchworkfamilie, andere verwenden den Begriff Stieffamilie, und wieder andere finden es doof, überhaupt einen Begriff zu gebrauchen, der eine Abweichung von der vermeintlichen Normalität benennt, und bezeichnen sich ganz einfach als das, was sie sind und sein wollen, also als Familie.

Um eine Patchworkfamilie zu gründen, muss eine Mutter oder ein Vater aus einer Ein-Eltern-Familie mit einer neuen Partnerin oder einem neuen Partner zusammenkommen. Allein daraus ergeben sich schon unzählige mögliche Konstellationen. Die leiblichen Eltern des Kindes können vor der Trennung lange zusammen gewesen sein, nur kurz oder gar nicht. Sie waren eventuell verheiratet oder auch nicht. Es kann nur ein Kind oder es können mehrere Kinder in die Patchworkfamilie eingebracht werden. Das nicht-leibliche

Elternteil kann Elternverantwortung übernehmen und die Rolle eines Vaters oder einer Mutter übernehmen oder auch nur etwas mehr als ein erwachsener Mitbewohner sein. Beide Elternteile können Kinder in die neue Familie einbringen oder nur eins. Zum anderen Elternteil außerhalb dieser Konstellation kann es viel oder wenig, harmonischen oder konfliktreichen Kontakt geben. Innerhalb der Patchworkfamilie kann ein neues Kind entstehen. Sie kann gleichzeitig eine Regenbogenfamilie sein. Und es gibt sicherlich viele weitere Aspekte, die ich gerade übersehe.

In amtlichen Statistiken werden Patchworkfamilien nicht gesondert erhoben. Das Statistische Bundesamt gibt deshalb nur eine Schätzung an: Je nach Datenquelle seien etwa 7–13 % der in Deutschland lebenden Familien Patchworkfamilien. Wenig überraschend lebt nach Angaben des Statistischen Bundesamts in den meisten dieser Familien eine leibliche Mutter zusammen mit ihren Kindern und einem Stiefvater.

Über die genannten Konstellationen hinaus können nicht nur Eltern gemeinsam mit ihren Kindern eine neu zusammengesetzte Familie gründen. Auch ein Kind alleine kann im Rahmen einer Adoption oder als Pflegekind Teil einer Familie werden. Knapp 4.000 Kinder wurden im Jahr 2013 adoptiert. Mehr als die Hälfte dieser Kinder wurde innerhalb einer Patchworkfamilie vom Stiefelternteil adoptiert. Bei etwa 38 % der adoptierten Kinder bestand vorher keinerlei Verwandtschaftsverhältnis zu den Adoptiveltern. Die Gründe, warum ein Kind zur Adoption freigegeben wird, können ganz unterschiedlich sein. Etwas mehr als ein Drittel der Adoptierten war zum Zeitpunkt der Adoption drei Jahre oder jünger. Diejenigen Kinder, die in eine komplett neue Familie kommen, sind tendenziell jünger als bei anderen Adoptionen. Hier liegt der Anteil der bis Dreijährigen bei knapp zwei Dritteln. Alle hier aufgeführten Zahlen sind offizielle Zahlen des Statistischen Bundesamts. In Bezug auf Pflegekinder sind die Statistiken noch etwas komplexer. Während die Anzahl der Adoptionen seit einigen Jahren konstant rückläufig ist, steigt die Zahl der begonnenen Pflegeverhältnisse. Es gibt viele unterschiedliche Formen der Unterbringung innerhalb einer Pflegefamilie, kurze oder sehr lange Zeiträume dieser Art des Zusammenlebens. Manche Pflegeverhältnisse münden in einer Adoption, andere Pflegekinder gehen nach einer gewissen Zeit wieder in ihre Herkunftsfamilie oder eine andere Form der Unterbringung.

Wie in jedem Kapitel gilt auch bei diesem Thema: Familien unterscheiden sich nicht nur durch die Kategorien »klassische Familie«, »Ein-Eltern-Familie« oder »Patchworkfamilie«. Manche Patchworkfamilien haben kaum etwas gemeinsam, weil andere Aspekte wie das familiäre Einkommen oder das Alter der Kinder für den Alltag viel bedeutsamer sind als das Merkmal »Flickwerk«. Gerade deshalb lohnt es sich, die Familien mitsamt ihrer spezifischen und individuellen Besonderheiten zu betrachten und kennenzulernen.

Zwei Kinder von zwei Vätern

Andrea hat zwei Kinder von zwei Männern. Felix ist sieben, Hanna ist drei Jahre alt. Ich treffe mich mit ihr in einem Café. Fritzi und Hanna sind in der Kita. Felix ist in der Schule. Hanna, Felix und Andrea wohnen zusammen mit Oliver, dem Vater von Hanna, in Berlin-Schöneberg. Felix sieht seinen leiblichen Vater regelmäßig jedes zweite Wochenende und etwas häufiger in den Ferien. Felix' Eltern haben das geteilte Sorgerecht. Lange war sich Andrea nicht sicher, ob sich Oliver fest und dauerhaft auf ein Leben mit ihr und Felix einlassen kann. Als sie dann mit Hanna schwanger war, wurde es viel einfacher. Noch während der Schwangerschaft wurde geheiratet. Auch wenn es einige Zeit gedauert hat, bis Felix und Oliver eine Beziehung zueinander aufbauen konnten, verstehen sich die beiden nun sehr gut. Manchmal ist aber die Koordination mit den beiden Vätern nicht so einfach, sagt Andrea. Felix' Vater ist nicht der zuverlässigste. Und wenn er kurzfristig Bescheid gibt, dass er Felix doch nicht vom Hort abholen kann, braucht Oliver eine offizielle Vollmacht, um die beiden Geschwister zusammen abholen zu können. Das nicht-leibliche Patchworkelternteil hat oft wenig Rechte, selbst wenn es mehr Zeit mit dem Kind verbringt, sich wesentlich mehr kümmert als beispielsweise der leibliche Vater und damit auch manchmal eine wesentlich engere Beziehung zum Kind hat.

Nach einer Trennung hatten Frauen lange Zeit in den meisten Fällen das alleinige Sorgerecht. Mittlerweile ist das geteilte Sorgerecht zur Regel geworden, auch wenn sich viele Väter Statistiken zufolge nach einer Trennung noch immer sehr wenig um ihre Kinder kümmern. Hätte Andrea das alleinige Sorgerecht für Felix, hätte Oliver durch seine Ehe mit Andrea automatisch das sogenannte »kleine Sorgerecht«. Damit könnte er Angelegenheiten des täglichen Lebens des Kindes selbst entscheiden und beispielsweise zum Elternabend in der Schule oder mit Felix zum Arzt gehen. Solange der leibliche Vater das Sorgerecht behält, ist das jedoch nicht möglich – auch nicht mit seiner Zustimmung. Dann braucht es für jede Situation immer wieder eine neue Vollmacht. Sollten sich Andrea und Oliver trennen, könnte Oliver immerhin Kontakt zu Felix halten. Lebt eine Ehefrau oder ein Ehemann über längere Zeit in häuslicher Gemeinschaft mit einem (Stief-)Kind und baut zu diesem eine Beziehung auf, wird dadurch ein Umgangsrecht auch über die Trennung vom leiblichen Elternteil hinaus erworben.

* * *

Auch Samanta hat zwei Kinder von zwei Männern. Ich fahre mit Fritzi über ein Wochenende nach Leipzig. Wir besuchen Samanta, Janko und Jori. Janko ist dreizehn, Jori elf Jahre alt. Die drei leben in der Nähe der gefährlichsten Straße Deutschlands. Drogenhandel und Schießereien sind hier an der Tagesordnung, so berichten immer mal wieder Boulevardmedien. Unser Zug hat etwas Verspätung. Vom Hauptbahnhof müssen wir noch ein Stück mit der Straßenbahn fahren. Samanta und Jori holen uns an der Straßenbahnhaltestelle ab. Es ist mittlerweile dunkel geworden. Fritzi ist müde und schüchtern. Samanta und ich haben in Berlin schon mal einen Abend in einer Bar zusammen verbracht. Sie arbeitet an der Uni und forscht unter anderem zum Thema Väter. Kennengelernt haben wir uns, weil sie mich in ein Seminar eingeladen hat, das sie zu dem Thema organisiert hat. Unsere Familien haben wir bisher nicht getroffen. Samanta und Jori bringen uns durch die dunklen Straßen zu ihrer Wohnung. Von einer Schießerei bekommen wir auf dem Weg nichts mit.

Zu dritt wohnen Samanta, Janko und Jori in einem Hausprojekt. Zusammen mit einer größeren Gruppe hat Samanta das Haus vor einigen Jahren gekauft und seitdem ausgebaut. Im Erdgeschoss gibt es einen Ausstellungs- und einen Seminarraum, in den oberen Stockwerken sind Büros und Wohnungen. In vielen Wohnungen und im Treppenhaus wird noch gebaut. Die Wohnung von Samanta, Janko und Jori ist fertig. Es gibt sogar ein Gästezimmer für Fritzi und mich. Wir essen noch etwas. Ich lege Fritzi ins Bett. Auch die beiden größeren Kinder verziehen sich in ihre Zimmer. Samanta und ich sitzen in der Wohnküche, hören Musik, trinken Wodka und unterhalten uns über unsere Familien.

»Was ist denn da schief gelaufen?«, wird Samanta hin und wieder gefragt. Zwei Kinder von zwei Vätern und mit keinem der Väter ist sie noch zusammen. Alleinerziehende Mütter werden auch so schon manchmal mitleidig angeschaut. Wenn eine Mutter nicht mehr mit dem Vater der eigenen Kinder zusammen ist, erscheint das für einige Außenstehende wie ein tragischer Schicksalsschlag. Und das Ganze dann auch noch zweifach?! Dass es trotzdem genau das Richtige sein kann, verstehen viele erst einmal nicht. Für Samanta war recht schnell klar, dass sie mit keinem der beiden Väter längerfristig zusammen sein wollte. Die Väter sind dennoch nicht aus der Welt. Die Kinder haben mehr oder weniger regelmäßigen Kontakt zu ihnen. Jan, einer der beiden Väter, verbringt beispielsweise die Hälfte der großen Ferien mit beiden Kindern. Beide Väter leben jedoch in anderen Städten. »Warum ist es so selbstverständlich, dass die Kinder nach den Trennungen bei mir wohnen sollten?«, fragt Samanta. Nicht die Trennungen waren tragisch, sondern eher die Selbstverständlichkeit, mit der es die Mutter ist, die nach einer Trennung meistens mit den Kindern alleine ist. Die Väter konnten sich einfach der Verantwortung entziehen. Samanta nicht. Sie war Anfang Zwanzig, alleine mit zwei kleinen Kindern und richtete ihr Leben völlig danach aus.

Mittlerweile sind diese beiden Kinder gar nicht mehr so klein. Fritzi ist am nächsten Tag völlig begeistert von den beiden älteren Kindern. Sie klettert auf Jankos Hochbett und spielt in seinem Zimmer, während er seine Hausaufgaben macht. Mit Jori hört Fritzi Musik und spielt Karten. Außerdem gibt es noch eine kleine Katze in der Wohnung. Fritzi fühlt sich sehr wohl während unseres kurzen Urlaubs in Leipzig.

Am Nachmittag lerne ich Britta kennen. Sie kommt vorbei und wir trinken einen Kaffee zusammen, während die Kinder sich miteinander beschäftigen. An mindestens zwei bis drei Tagen in der Woche ist sie für die Kinder da. Sie schläft in der Wohnung, wenn Samanta beispielsweise für ihren Job an der Uni unterwegs ist. Britta ist jedoch nicht nur eine regelmäßige Babysitterin. Die Kinder haben sie irgendwann bei einem Kurs am Nachmittag kennengelernt, sich angefreundet und sie auch nach Hause eingeladen und Samanta vorgestellt. Nach einiger Zeit fragten Samanta und ihre damalige Partnerin Britta, ob sie sich vorstellen könnte, etwas mehr Verantwortung zu übernehmen. Durch eine weitere Bezugsperson für die Kinder erhofften sie sich etwas Entlastung auch für ihre Paarbeziehung. Britta erzählt, dass sie sich ganz bewusst dazu entschlossen habe, keine Kinder zu bekommen bzw. in ihrem Leben nicht schwanger werden zu wollen, jedoch schon häufiger darüber nachgedacht habe, Verantwortung für Kinder außerhalb einer klassischen Kleinfamilie übernehmen zu wollen. Mittlerweile ist Britta ein fester und verlässlicher Bestandteil der Familie.

Samanta und Britta sprechen regelmäßig über die Kinder, beraten sich und fühlen sich gemeinsam zuständig, wenn es etwas für oder mit den Kindern zu klären oder zu erledigen gibt. Vor allem mit Blick auf die langsam anstehende und manchmal etwas anstrengende Lebensphase der Pubertät ist es hilfreich, sich austauschen und zu zweit Entwicklungen im Auge behalten zu können. Nicht nur laut Gesetz hat Britta jedoch kaum Rechte in Bezug auf die Kinder. Auch in ihrem Umfeld kapieren viele Leute nicht, dass Britta dazugehört, Verantwortung übernimmt und auch angesprochen werden kann, wenn es um die Kinder geht, erzählt Samanta. Britta ist Teil der Familie.

Wir verbringen noch einen weiteren sehr netten Abend zusammen. Am nächsten Tag bringt Samanta uns wieder zur Straßenbahn und ich setze mich mit Fritzi in den Zug zurück nach Berlin. Auch ich wünsche mir eine Familienkonstellation unabhängig von einer Paarbeziehung. Nicht nur mit Blick auf sogenannte Patchworkfamilien ist festzuhalten, dass Menschen oft auch jenseits von Ehe, biologischer Verwandtschaft und institutionell verankertem Sorgerecht zusammenleben und füreinander im Rahmen unterschiedlichster Modelle Verantwortung übernehmen. Je nach Situation und Kontext stoßen sie dabei auf unterschiedliche Hindernisse, oftmals rechtlicher Art, weil solche Konstellationen oft nicht in offiziellen Entscheidungen über Familien mitgedacht werden.

Familiengründung durch Adoption

Zurück in Berlin, einige Tage später: Nachdem ich Fritzi ins Bett gebracht habe, spreche ich via Skype mit Silke und Thomas. Die beiden wohnen in Hamburg. Vor vielen Jahren habe ich mal kurz mit Thomas im gleichen Projekt zusammengearbeitet. Seitdem haben wir uns jedoch nicht mehr gesehen und in seltenen Mails eher oberflächlich von unseren Familien berichtet. Als ich mit Fritzi vor zwei Jahren zu Besuch in Hamburg war, haben wir es auch nicht geschafft, ein Treffen zu vereinbaren. Nun erzählen wir uns ausführlicher von unseren Familien.

Silke und Thomas sind verheiratet und haben zwei Kinder. Frida ist acht, Jule ist vier Jahre alt. Bezogen auf ihren Familienalltag gibt es gar keine besonderen Geschichten zum Thema Vielfalt von Familienkonstellationen zu erzählen, meinen die beiden. Eigentlich seien sie eine völlig unspannende Familie. Nur selten gibt es den Gedanken, dass da noch zu jedem Kind eine weitere potenzielle Familie im Hintergrund existiert. Frida und Jule sind adoptiert. »Was passiert beispielsweise, wenn eine der leiblichen Mütter noch einmal schwanger wird? Nehmen wir dann noch ein Kind auf?« Theoretisch könnten die leiblichen Mütter von Frida und Jule auch irgendwann versuchen, sich über das Jugendamt bei Silke und Thomas zu melden. Bisher ist das jedoch nicht passiert und damit hat sich auch noch nicht konkreter die Frage gestellt, wie sie dann damit umgehen wollen.

Für Silke und Thomas war mit Anfang Dreißig relativ schnell klar, dass sie ein Kind adoptieren wollen. Bei Thomas war nach einer Krebserkrankung »nicht mehr viel zu holen«, und auch die Möglichkeit einer künstlichen Befruchtung mit Samenspende »war nichts für uns«, erzählen die beiden. Sowohl Silke als auch Thomas konnten in ihren jeweiligen Herkunftsfamilien bereits Erfahrung im familiären Zusammenleben mit nicht-leiblichen Kindern vorweisen. Insgesamt vergleichsweise gute Argumente gegenüber der Adoptionsvermittlungsstelle des Jugendamts. Also gingen sie zu einem Infoabend des Jugendamts, reichten wie gefordert einen Lebenslauf ein, in dem sie ihre eigene Kindheit und die Beziehung zu ihren Eltern ausführlich reflektierten, mussten ihre Finanzen offenlegen, um nachzuweisen, dass sie auch mit Kind noch selbstständig ihren Lebensunterhalt sichern konnten, wurden gemeinsam und jeweils einzeln vom Jugendamt zu einem Gespräch eingeladen und schließlich zu Hause von der zuständigen Sachbearbeiterin besucht.

Nachdem alle Formalitäten erledigt waren, begann das Warten. Letztendlich lief alles wunderbar und schneller als gedacht. Die beiden waren viel unterwegs und genossen vor allem an den Abenden ihr noch kinderloses Leben. Eher zufällig schlenderten sie in einen Babyladen, um sich erstmalig mit dem Kinderwagenangebot vertraut zu machen – noch ohne zu wissen, ob ihr Warten auf ein Kind neun Wochen oder vielleicht auch neun Jahre dauern würde. Wenig später klingelte das Telefon und die Sachbearbeiterin vom Jugendamt meinte, dass es da ein Kind für sie gebe.

Andere Eltern haben neun Monate Zeit, um sich auf das Ankommen des neuen Familienmitglieds vorzubereiten. Silke und Thomas hatten kurz nach dem Anruf vom Jugendamt plötzlich ein kleines Baby. Um gegenüber der leiblichen Mutter völlig anonym zu bleiben, waren ihre Namen nicht einmal dem Krankenhaus bekannt. Nur mit einem Abholzettel vom Jugendamt kamen Silke und Thomas ins Krankenhaus, um ihre Tochter abzuholen. Da war sie gerade fünf Tage alt. Frühestens acht Wochen nach der Geburt kann die abgebende Mutter endgültig rechtswirksam der Adoption zustimmen. So lange mussten die frischgebackenen Eltern dann also noch warten, bis sie endgültig sicher waren, dass Frida auch bei ihnen bleiben würde. Mittlerweile ist Frida acht Jahre alt, geht in die dritte Klasse und hat auf gleichem Weg, wie sie in die Familie gekommen ist, auch noch eine kleine Schwester bekommen. Im Alter von sechs Tagen kam Jule zu Silke, Thomas und Frida. Sie ist jetzt vier Jahre alt.

Mit Frida waren Silke und Thomas erst kürzlich bei der zuständigen Sachbearbeiterin im Jugendamt. Sie wollten ihrer Tochter zeigen, wer ihnen dabei geholfen hatte, als Familie zusammenzukommen. Als Frida nach einem Foto der Frau fragte, die sie geboren hatte, ging die Sachbearbeiterin in den Keller, holte ein Foto aus der Akte und kopierte es für Frida. Seitdem hat Frida nicht wieder nach dem Foto gefragt, erzählt Thomas. Die beiden gehen mit den Kindern offen mit der Familiengeschichte um und versuchen ihnen alle Fragen so gut es geht zu beantworten. Auch Jule weiß mittlerweile, dass sie nicht in Mamas Bauch war. Silke und Thomas wissen über die abgebenden Mütter alles, was in der Jugendamtsakte steht. Sie wollen aber niemandem davon erzählen, solange die Kinder nicht danach gefragt haben. Auch die Großeltern sollen beispielsweise in einem unbedachten Moment nichts ausplaudern können, was die Kinder noch nicht wissen.

In den letzten Jahren sind sie mit sehr vielen Leuten über ihre Adoption ins Gespräch gekommen. Bisher haben sie keinerlei Vorurteile erlebt. Adoptionen sind in unserer Gesellschaft durchgängig positiv besetzt, sagt Silke. Nicht weit von ihrer Wohnung gibt es in einer Beratungsstelle ein Angebot für Familien mit Adoptivkindern zur Begegnung und zum Austausch. Dort sind sie nie gewesen. Die meisten Begegnungen passierten eher zufällig. In Fridas Schulklasse gibt es beispielsweise ein weiteres Adoptivkind. Dadurch, dass sie offen mit ihrer Geschichte umgehen, werden sie hin und wieder darauf angesprochen. Außerdem haben sie natürlich ein offenes Ohr für ähnliche Geschichten, berichten die beiden. Solange sie so selbstverständlich mit dem Thema umgehen, werden alle zukünftigen Fragen und eventuellen Unsicherheiten der Kinder schon irgendwie zu klären sein. Davon sind beide Eltern überzeugt.

Am Ende unseres Gesprächs fällt ihnen doch noch etwas Besonderes in ihrer Familie ein. Silke arbeitet wesentlich mehr als Thomas und bringt auch mehr Geld nach Hause und das ist doch eigentlich noch immer viel ungewöhnlicher als die Adoptionsgeschichte, meint Silke. Das kann ich gut verstehen. Ich erzähle noch etwas aus meiner Familie, und als ich die beiden schließlich danach frage, ob sie eventuell noch ein drittes Kind bekommen möchten, zögern sie kurz. Dann höre ich beide lachen und Thomas sagt: »Wir haben zwei tolle Kinder. Wir haben zweimal den Jackpot gezogen. Man muss das eigene Glück ja auch nicht herausfordern.«

Die Schwierigkeit des Partnerfindens

Ratgeber empfehlen, dem Zusammenwachsen einer Patchworkfamilie Zeit zu geben. Die neue Partnerin oder der neue Partner solle behutsam in die neue Familie eingeführt werden. Geduld sei sehr wichtig. Es wird vor möglichen Loyalitätskonflikten gewarnt. Kinder könnten beispielsweise ein Akzeptieren der »Ersatzmama« als Verrat an der »echten Mama« empfinden. Auch die neuen Geschwisterkonstellationen bringen den Ratgebern zufolge reichlich Konfliktpotenzial mit sich. Diese Hinweise sind wahrscheinlich alle gar nicht falsch, aber zumindest in meinem Fall scheitert die Patchworkfamilie schon weit vorher. Es ist gar nicht so einfach, eine neue Partnerin oder einen neuen Partner zu finden, mit dem oder der eine Familiengründung vorstellbar ist. Über zaghafte Ansätze auf dem Weg zu einer Patchworkfamilie bin ich bisher nicht hinausgekommen.

Vor nicht allzulanger Zeit mussten alleinerziehende Mütter möglichst schnell wieder heiraten, um gesellschaftlich nicht völlig isoliert zu werden. Auch heute spuken diese Gedanken noch in einigen Köpfen. »Kannst du nicht wenigstens mit irgendeinem Mann zusammenkommen?«, wird Elisabeth sinngemäß immer wieder von ihren Eltern aufgefordert, um die vermeintliche Schmach der gescheiterten Ehe mit dem Vater ihres Kindes wenigstens halbwegs auszubügeln. Sie fürchten um ihren eigenen Ruf, wenn sie ihren Nachbarn erzählen müssen, dass ihre Tochter eine geschiedene Frau und alleinerziehende Mutter ist und vielleicht auch, weil sie ihr sagen wollen, dass sie in ihrer Situation nicht so wählerisch sein dürfe bei der Partnerwahl.

In meinen Gesprächen mit alleinerziehenden Eltern habe ich immer wieder auch von der schwierigen Suche nach einer Partnerin oder einem Partner gehört. Mir geht es ähnlich. Unter der Woche verbringe ich meine Nachmittage mit Fritzi auf Spielplätzen, meistens mit vielen anderen Müttern und ihren Kindern. Um uns herum spielen sich dann regelmäßig ähnliche Szenen ab. Irgendwann klingelt das Telefon. Papa ist dran. Er sei nun zu Hause und frage sich, wo seine Familie sei, damit sie zusammen Abendessen könnten. Mama und Kind packen ihre Sachen und machen sich auf den Heimweg. Fritzi und ich gehen auch nach Hause und essen zu zweit. Wenn wir am Wochenende auf dem Spielplatz sind, sind oft auch noch einige andere Väter da. Irgendwann klingelt das Telefon. Mama ist dran. Das Mittagessen sei nun fertig. Vater und Kind packen ihre Sachen und machen sich auf den Heimweg. Fritzi und ich gehen auch nach Hause und essen zu zweit. Manchmal ist das frustrierend, aber ich suche nicht krampfhaft nach einer Partnerin, nur um mit ihr ein Kind zu bekommen oder um nicht mit Fritzi alleine zu sein. Ich fühle mich mit meinem Leben ganz wohl. Mir geht es gut. Mein Leben ist spannend. Mein Leben mit Fritzi ist toll. Ich fühle mich auch überhaupt nicht einsam. Ich brauche keine Frau, die sonntags das Mittagessen kocht, während ich mit Fritzi auf dem Spielplatz bin.

Wie würde ich es schaffen, mein Leben mit Fritzi, meine Jobs und meine individuellen Interessen und Bedürfnisse mit einer Beziehung zu vereinbaren? Und dann gibt da auch noch eine emotionale Komponente. Auch Natalie, die mit ihrem Baby allein lebt, sagt, dass sie gerade überhaupt keine Kapazitäten hat, sich in jemanden zu verlieben. Mit kleinem Kind ist sie emotional so beschäftigt, da ist im Herz momentan gar kein Platz für eine neue zusätzliche Person. Alleine mit Kind zu sein, das ist anstrengend. Aber es ist keine Krankheit, von der alle Ein-Eltern-Familien so schnell wie möglich geheilt werden müssen.

Die Gründung einer Patchworkfamilie erfordert eine große Offenheit von allen Beteiligten, sich auf neue Menschen einzulassen. Vor allem die Kinder müssen mit Menschen klarkommen, die sie sich nicht selbst ausgesucht haben. Je nach Alter gestaltet sich die Herausforderung, mit ihnen darüber zu sprechen, unterschiedlich. Solche Gespräche können manchmal aber auch großen Spaß machen.

* * *

Ich bringe Fritzi ins Bett. Zuerst muss sie ihre Zähne putzen. Schlafanzug anziehen. Sie sucht sich ein Buch aus, legt sich ins Bett und ich lese ihr vor. Danach mache ich das Licht aus. Sie möchte noch etwas trinken. Ich mache das Licht wieder an und hole ihr einen Becher mit Wasser. Danach mache ich das Licht aus. »Ich brauche doch noch ein Kuscheltier«, sagt Fritzi. Ich mache das Licht wieder an und sie sucht sich ein Kuscheltier aus dem Kuscheltierregal aus. Danach mache ich das Licht aus. Und lege mich zu ihr ins Bett. Wir unterhalten uns über den Tag. Ich erzähle ihr, dass wir heute Morgen zusammen aufgestanden sind und ich sie in die Kita gebracht habe. Ich erzähle ihr, dass ich gearbeitet habe, während sie in der Kita war. Dann habe ich sie abgeholt.

»Und was hab ich in der Kita gemacht?«, fragt sie mich.

»Keine Ahnung, ich war nicht dabei. Erzähl du es mir«, antworte ich.

Fritzi überlegt und beginnt zu erzählen: »Du hast mich in die Kita gebracht, dann hab ich gespielt. Und Oscar hat mich geärgert. Und dann hast du mich abgeholt.«

»Sonst habt ihr nichts gemacht?«, frage ich nach.

»Hm, nö, mir fällt nichts mehr ein«, antwortet sie.

Also fahre ich fort: Ich habe sie abgeholt, wir waren noch zusammen auf dem Spielplatz, haben ein Eis gegessen, sind nach Hause gegangen, haben Abendbrot gegessen, noch kurz was gespielt und dann war auch schon Schlafenszeit.

»Ich vermisse meine Mama«, sagt Fritzi plötzlich. »In wieviel Tagen sehe ich sie wieder?«

»Ein, zwei, drei, vier, fünf Tage noch«, zähle ich ihr vor.

»Ich will nicht, dass ihr getrennt seid«, sagt sie plötzlich und fängt an zu weinen. Ich nehme sie in den Arm und sie beruhigt sich wieder.

»Ihr seid getrennt, weil ihr nicht mehr ineinander verliebt seid, oder?«, fragt sie mich. Ich weiß nicht genau, woher sie diese Information hat. Aber natürlich hat sie Recht.

»Ja, du hast Recht«, antworte ich ihr.

»Aber ihr wart mal ineinander verliebt«, fährt sie fort.

»Ja, das stimmt«, antworte ich wieder.

»Meine Mama ist nämlich jetzt in Holger verliebt. Und du? Bist du nur in mich verliebt?«, fragt sie.

Ich versuche ihr zu erklären, dass es für das, was ich für sie empfinde, andere Worte gibt, die besser passen: »Ich habe dich lieb. Und ich liebe dich«, sage ich. Ich versuche ihr noch zu erklären, dass sich Verliebtsein auch immer mal ändern könne. Lange war ich in ihre Mutter verliebt. Und sie in mich. Aber jetzt sind wir nicht mehr ineinander verliebt. Mein Kind werde ich aber immer lieb haben und immer lieben.

»Aber in wen bist du denn dann verliebt?«, fragt mich Fritzi.

»Gerade bin ich in niemanden so richtig verliebt«, antworte ich ihr. »Vielleicht ein bisschen in Elisabeth.«

Wir treffen uns mit Elisabeth und Clara auf dem Spielplatz. Fritzi und Clara malen mit Kreide auf den Boden. Ich sitze mit Elisabeth auf einer Bank. Zum Abschied küssen wir uns.

Fritzi hat das beobachtet und ist irritiert. Mit verzerrtem Gesicht fragt sie: »Habt ihr euch auf den Mund geküsst?«,

»Ja«, antworte ich ihr.

»Ihhhh. Warum das denn?«, fragt sie mich weiter.

»Hm, weil wir Lust darauf hatten.«

Wir unterhalten uns eine Weile über Verliebtsein und über Küssen. Ich muss mit ihr genau durchgehen, wer in wen verliebt ist. Und wer wen küssen möchte. Wir gehen die Eltern aller Kitakinder durch. Maries Eltern sind noch ineinander verliebt, Joshuas Eltern nicht mehr. Dann machen wir mit den übrigen Familien in unserem Umfeld weiter. Tine und Marc sind ineinander verliebt. Und Katja und Sandra. Und Suse und Micha.

»Wer ist noch in wen verliebt?«, fragt mich Fritzi. Wir haben schon über so viele Paare gesprochen, deshalb muss ich etwas länger überlegen, bis mir noch einfällt: »Annika und Kai sind ineinander verliebt.«

»Nein, sag noch mehr Frauen, die in Frauen verliebt sind«, fordert sie mich auf.

Keine Einzelfälle: Regenbogenfamilien

Die Regenbogenfahne wurde in den 1970er Jahren zuerst in den USA und später international zum Symbol der Lesben- und Schwulenbewegung im Kampf um Sichtbarkeit und gegen Kriminalisierung und Pathologisierung. Auch in Deutschland gründeten sich Schwulen- und kurz darauf auch Lesbengruppen, um sich gegen die Diskriminierung zu wehren. Lange Zeit galt in Westdeutschland § 175 des Strafgesetzbuchs, demzufolge schwuler Sex und jegliche Intimität zwischen Männern mit einer Gefängnisstrafe von bis zu fünf Jahren geahndet werden konnte. Er existierte bereits seit 1871 und wurde während der Zeit des Nationalsozialismus verschärft. Im Jahr 1969 wurde der Paragraph wieder entschärft und erst 1994 im Zuge der Überarbeitung des Strafrechts nach der Wiedervereinigung aufgehoben und damit die Kriminalisierung von Homosexualität aus dem Strafgesetzbuch getilgt. Ähnlich lange wurde Homosexualität in medizinischen Katalogen als neurotische Störung geführt: Bis 1992 wurde sie als Krankheitsbild im von der Weltgesundheitsorganisation herausgegebenen und auch für deutsche Ärztinnen und Ärzte verbindlichen Diagnosesystem ICD-10 geführt.

In den 1990er Jahren wurden Stimmen gegen das Eheverbot lauter, um auch gleichgeschlechtlichen Paaren eine Möglichkeit zu schaffen, ihre Beziehung rechtlich abzusichern. Im Jahr 2000 verabschiedete die rot-grüne Mehrheit im Bundestag das sogenannte Lebenspartnerschaftsgesetz. Seit August 2001 können auf Grundlage dieses Gesetzes gleichgeschlechtliche Paare eine eingetragene Partnerschaft eingehen. So sehr dieses Gesetz ein Fortschritt war, zementierte es gleichzeitig ein Eheverbot. Mit Inkrafttreten des Lebenspartnerschaftsgesetzes wurde eine Reihe von Unterschieden zur Ehe definiert, von denen einige vom Bundesverfassungsgericht als unvereinbar mit dem Grundgesetz angesehen wurden oder nach und nach durch Überarbeitung des Gesetzes durch den Bundestag wegfielen. Ein gravierender Unterschied zur Ehe ist noch immer, dass eingetragene Lebenspartner keine Kinder gemeinsam adoptieren dürfen. Zudem ist die eingetragene Lebenspartnerin nicht, wie beispielsweise der Mann innerhalb einer Ehe, automatisch Elternteil eines innerhalb der Lebensgemeinschaft geborenen Kindes.

In der Zwischenzeit hat sich die Bewegung, die als Lesben- und Schwulenbewegung gestartet war, weiter ausdifferenziert. Manche sprechen von LGBT (Lesbian, Gay, Bisexual und Trans), also von Lesben, Schwulen, Bisexuellen und Trans. Manchmal werden auch noch die Buchstaben I und Q für Inter und Queer ergänzt. Sexuelle und geschlechtliche Identität passt oft nicht in Schubladen. Der Begriff Regenbogenfamilien versucht, die Symbolik des Regenbogens aufgreifend, Familien, in denen Kinder bei Eltern leben, die sich mit mindestens einem der genannten Merkmale identifizieren können, zusammenzufassen, und bietet ihnen eine Möglichkeit, sich selbstbewusst aufeinander zu beziehen und gemeinsam als relevante gesellschaftliche Gruppe sichtbar zu sein und für die eigenen Interessen einzutreten.

Der Begriff ist vergleichsweise jung. Seit 2009 steht er im Duden. Es gibt einige Familien, die theoretisch den Kriterien entsprechen, die dem Begriff jedoch kritisch gegenüberstehen. Ein Regenbogen ist bunt und eher selten am Himmel zu sehen. Die Metapher hebt damit die Besonderheit und Andersartigkeit hervor und nicht so sehr eine Alltäglichkeit, die sich viele Familien wünschen. Alle sind unterschiedlich. Und Regenbogenfamilien unterscheiden sich nur in wenigen Aspekten von anderen Familien. Unterscheidungsmerkmale wie der Beruf der Eltern, die Aufgabenteilung zwischen den Eltern oder das soziale Umfeld sind oft viel bedeutsamer für den familiären Alltag als das Geschlecht oder die sexuelle Orientierung. Darüber hinaus verwischt der Begriff, wie jeder andere zusammenfassende Begriff auch, die Unterschiede und Besonderheiten innerhalb der beschriebenen Gruppe.

Sehr viele Regenbogenfamilien sind gleichzeitig Patchworkfamilien. Viele Kinder, die in ihnen leben, sind in früheren Heterobeziehungen entstanden und wurden von einem Elternteil in die neu gegründete Patchwork-Regenbogenfamilie eingebracht. Oft ist dann auch nur dieses eine Elternteil rechtlich Mutter bzw. Vater des Kindes. Seit dem Jahr 2005 hat die eingetragene Partnerin oder der eingetragene Partner grundsätzlich zwar die Möglichkeit, das Kind im Rahmen einer sogenannten Stiefkindadoption als das eigene anzunehmen. Das kommt jedoch nur für sehr wenige Familien in Frage, etwa wenn das andere leibliche Elternteil verstorben ist oder über einen längeren Zeitraum keinen Kontakt zum Kind hat und diesen auch nicht mehr möchte. Die bisherige Mutter oder der bisherige Vater müssten im letzten Fall das Kind zur Adoption freigeben. Bis zum Jahr 2014 waren Kinder, die vorher beispielsweise im Rahmen von heterosexuellen Ehen adoptiert wurden, von dieser Regelung ausgeschlossen. Jetzt ist auch eine so genannte Sukzessivadoption dieser Kinder durch die eingetragene Lebenspartnerin oder den Lebenspartner möglich.

Mittlerweile gibt es immer mehr lesbische und schwule Paare, die sich ganz bewusst dazu entschließen, ein Kind bekommen zu wollen. Lesbische Paare bekommen Kinder mit Hilfe anonymer Samenspenden, aus dem Freundeskreis oder gemeinsam mit einem schwulen Paar. Die Spender müssen nach der Geburt keine Rolle im Leben des mit Hilfe ihres Samens gezeugten Kindes spielen. Sie können als Freund der Eltern das Kind regelmäßig sehen, sie können die feste Rolle eines Onkels oder die eines Paten annehmen. Für schwule Paare ist es ungleich schwerer ein Kind zu bekommen. Neben der Möglichkeit, sich mit einem lesbischen Paar zusammenzutun, können sie ein Pflegekind betreuen. Es gibt einzelne Beispiele, die auch medial diskutiert wurden, in denen schwule Paare im Ausland ein Kind adoptiert haben und sich dann mit deutschen Behörden streiten mussten, um die Adoption anerkannt zu bekommen. Anders als in Deutschland ist es in einzelnen Staaten dieser Welt auch möglich, eine Leihmutter für das Austragen eines Kindes zu bezahlen. Doch über diesen Weg ist es besonders schwierig, die Elternschaft von deutschen Behörden anerkannt zu bekommen. Diese Möglichkeit ist ebenso wie die Auslandsadoption mit einem erheblichen Aufwand verbunden und steht daher nur für eine sehr geringe Zahl von schwulen Paaren überhaupt zur Verfügung. Darüber hinaus sind moralische Bedenken beim Thema Leihmutterschaft auch nicht völlig aus der Luft gegriffen.

Da lesbische Paare einfacher ein gemeinsames Kind bekommen können und Kinder, die aus früheren Heterobeziehungen stammen, zumeist bei den Müttern wohnen, leben insgesamt wesentlich mehr Kinder bei homosexuellen Müttern als bei homosexuellen Vätern.

Laut Statistischem Bundesamt lebten in Deutschland im Jahr 2011 73.000 gleichgeschlechtliche Paare zusammen, 32.000 davon in eingetragenen Lebenspartnerschaften. Überhaupt erst seit 2006 werden gleichgeschlechtliche Lebensgemeinschaften statistisch erfasst. Die Beantwortung der dazugehörigen Fragen – lebt jemand in einer homosexuellen Partnerschaft und hat dieses Paar gemeinsam ein Kind – ist freiwillig, so dass die Zahlen wohl Mindestwerte sind und keine reale Anzahl widerspiegeln. Die amtliche Statistik gibt an, dass innerhalb dieser genannten Anzahl von gleichgeschlechtlichen Lebensgemeinschaften insgesamt etwa 5.700 Kinder leben. Andere Studien schätzen die Anzahl der Kinder in Regenbogenfamilien auf 7.000 bis 9.000.

In der Darstellung der Statistiken wird deutlich, was das Bundesamt von eingetragenen Lebenspartnerschaften hält und dass es sich dabei keinesfalls um ein Äquivalent zur Ehe handelt: In einer Spalte werden die Ehepaare aufgeführt, in einer zweiten Spalte die nicht verheirateten heterosexuellen Paare zusammen mit den homosexuellen Lebensgemeinschaften mit und ohne Trauschein.

Wissensvorsprung lesbischer Frauen

Während einer Zugfahrt lerne ich Tina kennen. Mehr oder weniger zufällig kommen wir ins Gespräch. Wie in so vielen anderen Gesprächen mit mir dreht es sich irgendwann unweigerlich und ganz und gar nicht zufällig um Familien. Nachdem ich etwas aus meiner Familie und über meine Planung berichtet habe, erzählt Tina, dass sie schon an zwei Familiengründungen in nicht unwesentlicher Funktion beteiligt war. Zwei lesbischen Paaren hat sie bereits als Überbringerin des Samens von Spendern zum Familienglück verholfen. In einem Fall war der Samenspender krank. Er wäre ansonsten selbst am Tag des Eisprungs bei dem befreundeten Paar vorbeigekommen. Der andere Samenspender wollte anonym bleiben. Nur Tina kennt sowohl die Eltern als auch den Samenspender. Beide Parteien wissen nur, dass es für Tina kein Problem war, mit ihrem Fahrrad den Samen zu überbringen, dass also alle Beteiligten wahrscheinlich in Berlin leben. Eine Rechtssicherheit, die der Staat nicht schaffen kann oder nicht zu schaffen bereit ist, versuchen sie zusammen selbst zu organisieren. Der Samenspender kann nun nicht einfach ohne Zustimmung der beiden Mütter seine Vaterschaft und das gemeinsame Sorgerecht einklagen. Die Mütter können den Samenspender nicht ohne weiteres zu Unterhaltszahlungen verpflichten. Theoretisch müssten sie dazu Tina auf Herausgabe der Namen verklagen. Keine hundertprozentige Sicherheit für alle Beteiligten, aber doch eine zusätzliche Hürde und ein Argument, um bei den ursprünglichen Abmachungen zu bleiben.

Vor allem unter lesbischen Frauen ist das Wissen um die Möglichkeiten des Umgangs mit einem Kinderwunsch abseits klassischer Heterofamilien schon längere Zeit weit verbreitet. Viele Lesben haben eine Vielzahl von Strategien entwickelt, wie unter den gegebenen gesellschaftlichen Umständen Familien gegründet und organisiert werden können, sie sammelten und sammeln Erfahrungen und gaben und geben sie an andere weiter. Befruchtungsmethoden wurden und werden erprobt und rechtliche Konstellationen ausgelotet. Und das Ganze vielfach außerhalb einer breiteren öffentlichen Wahrnehmung über Gespräche in les-

bischen Freundeskreisen oder Gruppen lesbischer Selbst-
organisation.

* * *

Ich fahre mit Fritzi zu Katja und Till. Mit Till haben wir
einen Nachmittag zusammen mit dem Knüpfen von Gummiarmbändern verbracht, damit er mal etwas Zeit mit
einem männlichen Vorbild verbringt. In den letzten zwei
Jahren haben wir vier uns fast jede Woche gesehen. Wir
haben uns auf Spielplätzen getroffen. Oder in den langen
Berliner Wintern entweder – so wie heute – bei den beiden
oder bei uns im Friedrichshain. Während Fritzi und Till
miteinander spielen, unterhalte ich mich mit Katja. Wir
kennen uns vom Studium. Wir fanden uns damals zwar
nett, hatten aber nie mehr miteinander zu tun, bis wir uns
durch Zufall Jahre nach Ende des Studiums auf dem Spielplatz trafen. Sie war mit Till dort. Ich mit Fritzi. Das war in
einer Phase, in der ich mit Fritzi öfter Zeit alleine verbracht
habe und sie noch weniger bei ihrer Mutter war als heute.
Katja war mit Till sowieso immer alleine. Wir verstanden
uns sofort bestens und begannen, uns regelmäßig zu verabreden.

Till ist etwa so alt wie Fritzi. »Till ist größer, aber ich bin
älter«, sagt Fritzi und denkt lange darüber nach, wie das sein
kann. Die beiden Kinder verstehen sich mal besser und mal
schlechter. Wir haben Kuchen mitgebracht. Katja hat Kaffee
gekocht. Als der Kuchen aufgegessen ist, rennen Fritzi und
Till ins Kinderzimmer. Wenn wir uns sehen, reden wir ver-
ständlicherweise oft über unsere Kinder. Und wie es uns mit
den Kindern gerade so geht. Darüber, dass Fritzi gerade
überhaupt keine Lust hat das zu essen, was ich koche. Oder

über Tills Probleme mit einer seiner Kitaerzieherinnen. Heute erzählt mir Katja auch, dass Tills Großeltern in der kommenden Woche nach Berlin kommen. Katja und Till werden umziehen, und während sich die alte Wohnung mit gepackten Kisten füllt, wird Till eine Woche gemeinsam mit seinen Großeltern in einer Ferienwohnung an einem See in der Nähe von Berlin verbringen.

»Ich bin schon gespannt, wie das klappen wird«, sagt Katja. Die besagten Großeltern sind nicht ihre Eltern. Es sind die Eltern von Steffen. Als Katja vor mittlerweile fünf Jahren mit ihrer damaligen Freundin darüber nachdachte, ein Kind bekommen zu wollen, war er der Erste, den sie ansprach. Wenig später war die Beziehung zur Partnerin beendet. Der Kinderwunsch war geblieben, erzählt mir Katja. Eine neue Partnerin war nicht in Sicht, so dass sie sich entschloss, die Familiengründung alleine in die Tat umzusetzen und alleine ein Kind zu bekommen. Steffen spendete seinen Samen. Vier Monate haben sie es versucht. Mit einem Monat Pause, als Steffen während ihres Eisprungs im Urlaub war. Danach hat es dann direkt geklappt und sie wurde schwanger. Ihre beste Freundin sollte sie unterstützen. Steffen sollte so etwas wie eine Onkelrolle übernehmen. Beides hat letztendlich aus unterschiedlichen Gründen nicht so gut funktioniert. Steffen und Till sehen sich heute selten und unregelmäßig.

Steffens Eltern kommen in den nächsten Tagen, damit Katja in Ruhe ihre und Tills Sachen zusammenpacken kann. Sie hat sich das alles damals einfacher vorgestellt, so alleine mit Kind. Wir verstehen uns wirklich gut. Auch ich habe mir das Leben mit Kind am Anfang einfacher vorgestellt. Zwischenzeitlich hatte Katja gesundheitliche Probleme aufgrund der großen Belastung. Auch mir ging es nicht anders. Wir haben dann zusammen eine Mutter-Kind-Kur beantragt. Als sie bewilligt wurde, hatte Katja jedoch gerade einen neuen Job gefunden und wollte nicht gleich wieder drei Wochen aussetzen. Deshalb waren Fritzi und ich schließlich alleine auf Kur.

Schon länger hat Katja eine neue Partnerin, mit der sie inzwischen auch verheiratet ist. Die zieht zwar in eine eigene Wohnung, aber mit ins gemeinsame neue Haus. Das haben beide vorher zusammen mit einigen Freundinnen überwiegend in Eigenarbeit ausgebaut, renoviert und bezugsfertig gemacht. Durch den Umzug wird sich nun einiges ändern und Katja wird wesentlich weniger mit Till alleine sein. Ich hoffe, wir sehen uns trotz der größeren Entfernung weiterhin regelmäßig.

Prinzen, die lieber Prinzen heiraten

Ich unterhalte mich mit Martin. Martin ist Mitte Vierzig und arbeitet als Geschäftsführer eines kleinen Vereins. Als ich ihm von meinem Plan für ein zweites Kind erzähle, zuckt er mit den Schultern und verzieht sein Gesicht.

»Naja, muss eben jeder selbst wissen, was er möchte«, sagt er etwas abfällig.

Sein Unverständnis hat nichts mit meiner konkreten Idee zu tun, ein Kind außerhalb einer Paarbeziehung bekommen zu wollen. Fremder ist ihm, dass ich bereits ein Kind aus einer Heterobeziehung habe, sagt er. Dieses »Familiending« ist jedenfalls nichts für ihn, erklärt er weiter. Martin hat keine guten Erinnerungen an seine Herkunftsfamilie. Er hat sie nur als eine zwangsweise Gemeinschaft erlebt, die nicht bereit war, ihn so zu akzeptieren, wie er ist. Auch wenn ihm klar ist, dass es Eltern gibt, die sehr viel offener und liberaler sind, möchte er selbst es keinem Kind antun, in einem solchen aufgezwungenen Kontext aufzuwachsen. Nach Berlin zu ziehen, und damit möglichst weit weg von seiner Familie, hat er als große Befreiung erlebt. Wenn hier jemand ein Problem mit seiner Homosexualität hat, kann Martin selbst entscheiden, inwieweit er sich damit auseinandersetzen möchte oder auch nicht.

An der Sorge vieler Konservativer ist etwas Wahres dran: Mit zunehmender Thematisierung und Akzeptanz von Homosexualität, beispielsweise auch in Schulen, wird es wahrscheinlich mehr Menschen in homosexuellen Partnerschaften und auch mehr Regenbogenfamilien bzw. mehr Kinder in diesen Familien geben. Das liegt jedoch nicht daran, dass Kinder in Schulen zur Homosexualität erzogen werden könnten. Vielmehr führt die Diskriminierung von Homosexuellen dazu, dass sich nicht nur Profifußballer dafür entscheiden, lieber in einer unglücklichen Heterobeziehung oder alleine zu leben, als sich der gesellschaftlichen Abwertung auszusetzen. Dass sich Menschen aufgrund von Diskriminierung nicht trauen, so zu leben, wie es sie glücklich macht, sollte meiner Ansicht nach niemand ernsthaft befürworten. Doch manche »besorgten Eltern« sehen in der Entwicklung, dass Homosexualität irgendwann als »normal« und als eine Möglichkeit unter vielen angesehen werden könnte, eine Gefahr für Ehe und Familie. Wenn jedoch der Wert von Ehe und Familie für einige vor allem auf der Abwertung anderer basiert, liegt vielleicht eher hierin ein gesellschaftliches Problem als darin, dass Menschen unter Familie etwas anderes verstehen können als Ehe, Kinder, Mama und Papa.

* * *

Fritzi kämpft darum, mich Mama nennen zu dürfen. Ich hole sie aus der Kita ab. »Mami, Mami, schau mal, wie ich hüpfe«, ruft Fritzi mir von einem Trampolin aus zu. Milan, ein Freund von ihr, kommt mir entgegen: »Hä? Du bist doch nicht die Mama«, sagt er. »Klar bin ich die Mama. Wenn Fritzi möchte, dass ich ihre Mama bin, dann kann ich doch die Mama sein, oder?« Die Kinder, die um mich herumstehen, sind verwirrt. Marie fragt: »Wenn du die Mama bist, wer ist dann der Papa?« »Muss jedes Kind einen Papa haben?«, frage ich zurück. »Mami, Mami, schau mal, wie ich hüpfe«, ruft Fritzi erneut, weil sie merkt, dass ich ihr nicht zusehe, sondern mit den anderen Kindern rede. Diesmal wendet sich Milan an sie: »Das ist doch nicht deine Mama. Das ist dein Papa.« Fritzi wird böse. »Wohl kann das meine Mama sein«, entgegnet sie ihm. Kilian und Jakob mischen sich ein. »Das ist nicht deine Mama«, sagen sie zu Fritzi. Und zu mir: »Du bist der Papa.« Mindestens einmal in der Woche führe ich momentan solche Diskussionen mit Kindergartenkindern. Immer wieder besteht Fritzi darauf, dass ich doch auch ihre Mama sein könne und dass sie mich so rufen möchte. Ich wundere mich darüber, dass den anderen Kindern die vermeintlich korrekte Geschlechtszuordnung so wichtig ist.

* * *

Es ist Juni. Ein Samstag. Ich fahre mit Fritzi zum transgenialen Christopher Street Day (CSD). Wir sind mit Peter, einem Freund von mir, verabredet. Es ist warm. Die Sonne scheint. Zu dritt spazieren wir hinter dem Lautsprecherwagen her. Fritzi, Peter und ich. Die Route führt durch Kreuzberg. Fritzi ist unglaublich aufmerksam. Und hat großen Redebedarf. Sie schaut sich alle Menschen genau an. »Schau mal Mami, der hat ein hässliches Kleid an!«, »Schau mal Mami, die sieht ja lustig aus!«, »Schau mal Mami, warum hat der Mann Stöckelschuhe an?« Ich freue mich, dass ich ihr heute nicht nur erzähle, was alles möglich ist. Sie sieht es mit ihren eigenen Augen. In unserem Alltag erkläre ich ihr, dass auch Jungs Nagellack haben dürfen. Ich erkläre ihr, dass eine Prinzessin nicht unbedingt einen Prinzen heiraten muss. Sie kann genauso gut eine andere Prinzessin heiraten wollen. Oder der Prinz einen anderen Prinzen. Oder alle können gar nicht heiraten. In der Kita sind sich alle anderen Kinder sicher, dass es unmöglich ist, als Junge ein Kleid zu tragen. Oder Nagellack. Fritzi kämpft dagegen an. So wie gegenüber Jasmin vor ein paar Tagen. Ich habe Fritzi in die Kita gebracht. Am Nachmittag war sie zu Arturs viertem Geburtstag eingeladen. Arturs Eltern wollten alle eingeladenen Kinder zusammen von der Kita abholen. Das Geburtstagsgeschenk legte ich in Arturs Fach in der Garderobe. Fritzi ging zu Jasmin und sagte: »Ich schenke Artur Nagellack.« Jasmins Antwort: »Jungs tragen doch keinen Nagellack.« Fritzi: »Wohl! Wenn sie wollen, können sie auch. Oder Mama?« Bis heute musste sie mir dabei völlig vertrauen. Für ein Kind gibt es in der Öffentlichkeit wahrscheinlich nur an diesem einen Tag im Jahr, am Christopher Street Day, einen Beweis dafür, dass es solche Menschen tatsächlich mehr als nur vereinzelt gibt. Ich bewege mich abends hin und wieder in Clubs oder Kneipen, in denen solche Menschen keine exotischen Einzelfälle sind. Tagsüber aber bleibt der CSD bzw. die alternativere, queere Variante, der transgeniale CSD, eine der wenigen öffentlichen Versammlungen dieser Art. Noch mehr als beim mittlerweile relativ etablierten CSD geht es beim transgenialen CSD nicht nur um die Repräsentation von Lesben und Schwulen in der Öffentlichkeit, sondern darüber hinaus auch um eine weitreichendere Infragestellung geschlechtlicher Zuschreibungen. Heute laufen hier mit uns mehrere Hundert Menschen die Straße entlang, die das Geschlechterbild eines Kindergartenkindes gehörig auf den Kopf stellen.

Zwei Väter kommen mit ihrem Sohn an uns vorbei. Der Sohn ist vielleicht ein Jahr älter als Fritzi. Mit Blick auf Fritzi sagt einer der Väter zu seinem Sohn: »Schau mal, da ist noch ein anderes Kind mit zwei Vätern.« Peter und ich lächeln uns an. Fritzi läuft zwischen uns. Und ist irritiert: »Zwei Väter? Hä?« Sie hält Peter und mich an ihren Händen. Ich sehe ihr an, dass sie nachdenkt. Dann fängt sie an zu hüpfen. Dabei hält sie uns immer noch fest an ihren Händen. Mich an ihrer linken. Peter an ihrer rechten Hand. »Wir sind wie eine richtige Familie«, sprudelt es aus ihr heraus. »Peter, meine Mama und ich – äh, Peter, mein Papa und ich.« Sie kommt durcheinander. »Egal«, sagt sie, freut sich und lacht. Dann hält sie kurz inne. »Wir sind wie eine richtige Familie. Nur meine Mama fehlt.« Und nach einer weiteren kurzen Pause fährt sie fort: »Und Peter müsste nicht hier sein.« Wir gehen weiter und kaufen uns ein Eis.

Lesben, Schwule, Bisexuelle und Trans mit Kinderwunsch

Seit etwa zwei Jahren gibt es in Berlin das Regenbogenfamilienzentrum des Lesben- und Schwulenverbandes Berlin-Brandenburg (LSVD). Es ist das bisher Erste seiner Art in Deutschland und richtet sich nach eigener Aussage an »Lesben, Schwule, Bisexuelle und Transgender mit Kindern und

Kinderwunsch«. Das Zentrum bietet Beratung und Vernetzung für diese Familien, versucht sich aber auch in politische Aushandlungsprozesse einzumischen und setzt sich dafür ein, dass Regenbogenfamilien die gleichen Rechte erhalten wie heterosexuelle Familien.

Es gibt hier Geburtsvorbereitungskurse, Krabbelgruppen, Familiennachmittage, Weihnachts-, Faschings-, und Sommerfeiern, regelmäßige Treffen für Familien mit Pflegekindern, für Alleinerziehende, für Lesben und Schwule mit Kinderwunsch und für Trans-Eltern. Ich passe einen Nachmittag auf Karline auf, die Tochter von Suse und Micha, die das 50/50-Modell versuchen. Zusammen mit ihr hole ich Fritzi aus der Kita ab. Zu dritt machen wir uns auf den Weg nach Schöneberg zum Offenen Nachmittag für Regenbogenfamilien. Außer uns sind an diesem Nachmittag fünf weitere Mütter mit ihren Kindern hier. Die meisten kennen sich untereinander. Sie kommen aus ganz Berlin und sehen sich hier regelmäßig. Das Zentrum bekommt viel Aufmerksamkeit. Vor kurzem war die Bundesfamilienministerin zu Besuch und wurde mit den unterschiedlichen Perspektiven der anwesenden Familien konfrontiert. Trotz des Interesses läuft die Finanzierung des Zentrums demnächst aus und es ist völlig unklar, wie es weitergeht. Familienzentren gibt es viele. Doch hier im Regenbogenfamilienzentrum sind die Leute nicht mit den ständig wiederkehrenden Nachfragen und Kommentaren konfrontiert. Hier müssen die Kinder mal keine verwunderten Fragen anderer Kinder beantworten: »Wie? Du hast zwei Mütter?«

Beim Thema Regenbogenfamilien denken viele, dass es analog zur klassischen Familie vor allem um lesbische und/oder schwule Paare mit Kind(ern) ginge. Das ist natürlich auch nicht grundsätzlich falsch. Doch da die Biologie vielen die-

132

ser Paare einen Strich durch die Rechnung macht, sind die Konstellationen um einiges vielfältiger. Einige benötigen mindestens eine zusätzliche Person. Ob und inwieweit diese dann Teil der Familie ist, kann ganz unterschiedlich ausgestaltet sein. Je nach Konstellation sind unterschiedliche Hindernisse zu bewältigen und rechtliche Belange zu klären. Einzelne Aspekte, wie beispielsweise die Homo-Ehe, werden mittlerweile politisch diskutiert. Sie allein wäre aber für viele Regenbogenfamilien keine Lösung. Ihre Institutionalisierung wäre ein wichtiger Schritt zu mehr Gleichberechtigung, aber beim Thema Kinderwunsch geht es um einiges mehr.

Mit zwei Kindern bin ich an diesem Nachmittag etwas überfordert, mich ausführlicher mit den anderen Eltern zu unterhalten. Eine Mutter erzählt, dass sie noch immer darum kämpft, dass die Geburtsurkunde aus dem Ausland, in der sie und ihre Frau zusammen als Eltern ihres Sohnes eingetragen sind, auch in Deutschland anerkannt wird. Eine andere Mutter freut sich, dass ihre Stiefkindadoption nach eineinhalb Jahren abgeschlossen ist und sie seit letzter Woche endlich auch offiziell Mutter ihrer Tochter ist.

Fritzi und Karline lassen sich kaum dazu überreden, irgendwann wieder aufzubrechen. Auf dem Weg zur S-Bahn-Station streiten sich die beiden darum, wer länger auf meinen Arm darf. Wir essen noch zusammen Abendbrot, dann wird Karline von Suse abgeholt und Fritzi geht ins Bett.

* * *

Auch im Internet gibt es für Regenbogenfamilien, und solche, die es werden wollen, Möglichkeiten, sich über Kinderwunsch und Familienplanung auszutauschen. Ich bin mit

Christine und Miriam zu einem Gespräch via Skype verabredet. Die beiden haben die Internetseite *www.familyship.org* gegründet und aufgebaut. »Familyship ist eine Plattform, auf der es möglich ist, mit Menschen in Kontakt zu kommen, die auf freundschaftlicher Basis eine Familie gründen möchten«, heißt es auf der Seite. Die sexuelle Orientierung solle dabei weder Ausschlusskriterium noch Zugangsvoraussetzung sein.

Christine und Miriam waren mal ein Paar. Christine war diejenige, die zuerst auf die Idee kam, ein Kind haben zu wollen. Also begannen sie sich mit dem Thema Familiengründung auseinanderzusetzen. In ihrer Vorstellung sollte das Kind auch einen Vater haben und nicht nur mit Hilfe einer anonymen Samenspende gezeugt werden. Die Suche nach einem geeigneten Kandidaten gestaltete sich schwieriger als zunächst gedacht. Von der Kinderwunschgruppe des Regenbogenfamilienzentrums hatten sie zwar gehört, sich jedoch lange nicht getraut hinzugehen. Eine niedrigschwelligere Möglichkeit musste her und die beiden kamen auf die Idee, eine Webseite aufzubauen. Den beiden ist dabei mittlerweile wichtig, nicht mehr nur anonym einfach eine Plattform bereitzustellen. Sie sehen ihre Seite auch immer selbstbewusster als gesellschaftspolitisches Projekt, das Bild von Familie zu erweitern.

Seit etwa drei Jahren gibt es Familyship nun, und seitdem wächst die Seite ständig. Mittlerweile sind etwa 3.000 Personen angemeldet, etwa die Hälfte davon aktive Nutzerinnen und Nutzer. Christine und Miriam berichten von dem Kontakt zu einem werdenden Elternpaar, das sich über Familyship kennengelernt hat und demnächst zusammen ein Kind bekommt. Ansonsten wissen sie wenig darüber, ob bzw. wie viele Eltern über die Seite letztendlich zueinander finden.

Im Laufe meiner vielen Gespräche mit Familien höre ich von sehr unterschiedlichen Erfahrungen mit Familyship. Durch den offenen und niedrigschwelligen Charakter der Seite gibt es beispielsweise kaum Schutz vor Männern mit anderen als den angegebenen Absichten. Dennoch scheint Familyship von den vergleichbaren offenen Angeboten noch ein solches zu sein, in dem sich auch viele ernsthafte und ehrliche Profile finden lassen. Die Offenheit der Seite ist gewollt, um möglichst vielen die Möglichkeit zu geben, davon zu profitieren. Christine und Miriam kontrollieren jedes Profil, und mittlerweile gibt es auch eine kleine Anmeldegebühr, die solche mit ernsten Absichten nicht abschreckt, aber vielleicht den ein oder anderen Typen mit zweifelhaften Absichten von der Anmeldung abhält.

Letztendlich ist die Kontaktaufnahme über ein solches Forum nur der erste von sehr vielen Schritten zu einer gemeinsamen Elternschaft. In Berlin gibt es mit den Angeboten des Regenbogenfamilienzentrums weitere Unterstützungsmöglichkeiten. Auch außerhalb Berlins ist jedoch der Bedarf an einer solchen Vermittlung zweifellos gegeben und damit die Bedeutung von Seiten wie *www.familyship.org* noch etwas größer.

* * *

An einem Sonntagnachmittag im Oktober 2014 findet der Trans*March Berlin statt. Einige Hundert Menschen demonstrieren für mehr Sichtbarkeit von Trans*Personen. Für Solidarität, Selbstbestimmung und freie geschlechtliche Selbstdefinition. Gegen Diskriminierung und gegen Pathologisierung. Fritzi ist bei ihrer Mutter. Ich laufe ohne Kind mit und treffe ein paar Bekannte. Es ist ein sonniger

Herbsttag. Die Stimmung ist gut. Es gibt vielfältige Redebeiträge.

Das Sternchen in Trans* steht für die Wortendungen, die auf den Begriffsteil Trans- folgen können: Transmann, Transfrau, Transsexualität und viele andere. Gleichzeitig kann das Sternchen auch als Verweis auf eine imaginäre Fußnote gelesen werden. Das soll deutlich machen, dass der Begriff Trans* eigentlich einer weiteren Erläuterung bedarf und es sich keinesfalls um eine abschließende und eindeutige Definition aller sich damit identifizierenden Personen handelt. Vielmehr ist der Begriff ein vorläufiges Ergebnis eines andauernden Aushandlungsprozesses um Identität, Geschlecht und geschlechtliche Zuschreibung. Manche verwenden das Sternchen auch für Bezeichnungen wie Frau* oder Mann*, um den Aspekt der sozialen Aushandlung der Begriffsdefinition gegenüber der vermeintlich eindeutigen Biologie zu betonen.

Nach einer Geburt wird dem Standesamt zumeist direkt vom Krankenhaus ein Geschlecht des Kindes gemeldet. Die bei der Geburt anwesende Ärztin oder der Arzt legen dieses anhand von äußeren Merkmalen des neugeborenen Babys fest. Nicht immer sind diese Merkmale jedoch eindeutig. Und manchmal passt das von der Ärztin oder dem Arzt festgelegte Geschlecht nicht zu dem dazugehörigen Menschen.

Eine Änderung des Geschlechtseintrags ist sehr aufwendig. Es braucht medizinische Gutachten und ein gerichtliches Verfahren. Immerhin: Nach einer Entscheidung des Bundesverfassungsgerichts darf der Staat seit 2011 nicht mehr verlangen, dass sich Menschen einer Operation unterziehen, nur um den Geschlechtseintrag ändern zu lassen. Zuvor war es Bedingung für die Personenstandsänderung, durch einen medizinischen Eingriff »dauernd fortpflanzungsunfähig« zu sein.

Am Platz der Abschlusskundgebung wird getanzt. Es sind auch einige Kinder beim Trans*March. Trans-Personen haben Kinder. Kinder haben Trans-Eltern. Männer gebären Kinder. Frauen spenden Samen zur Zeugung von Kindern. Seit 2011 sogar ganz offiziell und mit dem zum eigenen Geschlecht passenden eingetragenen Personenstand. Doch mit der eigenen Geschichte in der Öffentlichkeit zu stehen ist aufgrund der beschriebenen Diskriminierungen noch immer sehr schwierig.

* * *

Wir treffen uns auf einem Spielplatz. Robin, Fritzi, Johannes und ich. Robin schaukelt. Fritzi beschäftigt sich mit dem Klettergerüst. Im Café nebenan möchte ich zwei Becher heißen Kakao holen, für jede Familie einen. Ich frage Fritzi, ob sie mitkommt. Gerade üben wir kurze Momente des Alleinseins. Wenn ich am Wochenende morgens Brötchen holen gehe, bleibt Fritzi alleine in der Wohnung. Etwa drei bis fünf Minuten. Wenn ich zurückkomme, ist Fritzi ganz stolz. Auch jetzt möchte sie nicht mitkommen, sondern bleibt auf dem Spielplatz. Johannes und ich unterhalten uns anschließend über unsere Familien, über anstrengende Nächte, Kindergärten, Eltern-Kind-Kuren und Arbeitsfehltage, wenn das eigene Kind krank ist.

Fritzi spielt die ganze Zeit mit einem anderen Kind in ihrem Alter. Die beiden drehen sich minutenlang auf einer Drehscheibe und ich habe etwas Angst, gleich mit einem kotzenden Kind nach Hause zu müssen. »Mama, schau mal!«, ruft Fritzi mir zu, als beide genug haben und leicht benommen am Rand der Drehscheibe sitzen. »Hä, das ist doch nicht deine Mama, oder?«, fragt das andere Kind.

137

»Wohl«, insistiert Fritzi. Die beiden diskutieren über mein Geschlecht. Johannes und ich stehen daneben und ich meine im Gesicht von Johannes ein Lächeln darüber zu entdecken, dass es mal ausnahmsweise nicht um sein Geschlecht geht, sondern um meins. Dass es in dieser kurzen Situation mal ausnahmsweise nicht sein Geschlecht ist, das in Frage gestellt wird, sondern meins.

Regenbogen und Kindeswohl

Die Kinder sind unsere Zukunft. Kinder sind das schwächste Glied in der Kette. Viele Konflikte werden auf dem Rücken von Kindern ausgetragen. Wer sich für das Wohl von Kindern einsetzt, kann gefühlt kein schlechter Mensch sein. Wer in politischen Auseinandersetzungen auf Emotionen statt auf Argumente setzen möchte, zeigt Bilder von leidenden Kindern. Das heißt natürlich nicht automatisch, dass alle, die auf die Bedürfnisse von Kindern verweisen, automatisch im Verdacht stehen, von sachlichen Argumenten ablenken zu wollen. Eine gewisse Vorsicht ist aber angebracht. Beim Thema Familien geht es zwangsläufig auch um Kinder. Ich habe angekündigt, dass es hier auch um familiäre Werte geht und darum, was wir unseren Kindern vorleben und vermitteln wollen. An einigen Stellen ist das schon angeklungen. Wer über Familien redet, redet auch über Kinder. Aber meistens nicht mit ihnen.

* * *

Ich hole Fritzi aus der Kita ab. Ich setze sie auf den Kindersitz auf meinem Fahrrad und wir fahren los. An einer Ampel müssen wir anhalten. »Wie kommen eigentlich Babys in den Bauch?«, fragt mich Fritzi plötzlich. Wie sie da wieder rauskommen, haben wir erst letztens besprochen. Es ist nur logisch, dass Fritzi nun auch die Frage stellt, wie die Babys da überhaupt reinkommen. Und ich bin damit nun erst einmal völlig überfordert. An der roten Ampel.

»Ähh«, stammele ich, was mich nur noch mehr unter Druck setzt, denn in der Zwischenzeit ist die Hälfte der Rotphase vorüber. Statt Zeit für zwei Sätze habe ich nur noch Zeit für einen Satz. Fritzi wartet geduldig auf meine Antwort.

»Lass uns zu Hause in Ruhe drüber reden«, antworte ich schließlich, weil mir nichts Besseres einfällt.

»OK«, sagt Fritzi. Es wird grün. Wir fahren weiter.

»Habt ihr euch das heute in der Kita gefragt?«, frage ich. Wir fahren auf einer großen Straße. Die Autos fahren laut an uns vorbei und machen die Unterhaltung nicht gerade einfacher.

»Nö, ich hab mich das gefragt«, antwortet mir Fritzi.

»Cool«, sage ich noch. Und: »Ich hab Lust, mit dir darüber in Ruhe zu reden.«

Ihre Antwort wieder: »OK« – dann wechselt sie das Thema. Wir gehen auf den Spielplatz. Danach einkaufen. Die Frage haben wir vergessen. Erst am Abend erinnere ich mich daran, als wir gerade den vergangenen Tag auswerten und besprechen, was am nächsten Tag passieren wird. Ich frage sie, ob sie noch eine Antwort darauf hören möchte, wie die Babys in den Bauch kommen. Doch sie ist mit anderen Dingen beschäftigt und deshalb lautet ihre Antwort: »Nö.« Und: »Ist morgen Ausflugstag in der Kita?«

Ich möchte Fritzi nicht überfordern. Aber ich möchte ihre Fragen wahrheitsgemäß und so gut wie möglich beantworten. Fritzi stellt viele Fragen. Sie möchte wissen, wie die Welt funktioniert. Und ich bin froh, wenn sie mich fragt. Ich bin froh, wenn sie mit mir darüber sprechen möchte. Fritzi ist ein Kind. Das bedeutet aber nicht, dass ich deshalb ihre Fragen und Bedürfnisse weniger ernst nehmen muss oder sie anlügen darf. Jedes Kind verdient ehrliche und aufrichtige Antworten.

Manche Eltern, die sich selbst »besorgte Eltern« nennen, haben Angst vor einer »Frühsexualisierung« ihrer Kinder. Durch die Thematisierung von Sexualität in der Schule, beispielsweise die Aufgabe, Bezeichnungen für Geschlechtsorgane zu finden, werde etwas an die Kinder herangetragen, womit diese noch gar nicht umgehen könnten. Eine Mutter erzählt mir, dass sie selbst im Alter von zwölf Jahren aufgeklärt wurde und dass sie es bei ihrer Tochter ähnlich handhaben möchte. Ob das Thema ein Kind vorher nicht verstöre? Ich denke, dass es ein Kind eher verstört und überfordert, wenn es merkt, dass das Thema in der eigenen Familie zwölf Jahre lang verschwiegen wird. Kinder sind nicht erst durch den Sexualkundeunterricht in der Grundschule oder das Aufklärungsgespräch damit konfrontiert. Fritzi war drei Jahre alt, als sie mich in der Drogerie zum ersten Mal fragte, was ein Kondom ist. Im Alter von vier Jahren fragt sie mich nun, wie die Babys in den Bauch kommen. Die Worte Penis, Pimmel, Mumu, Scheide und Muschi kennt sie schon viel länger. Sie spricht mit den anderen Kindern in ihrem Kindergarten darüber und schnappt Begriffe von den größeren Kindern aus der benachbarten Schule auf. Und ich bin sehr froh, dass sie mit ihren Fragen nicht alleine ist, sondern dass sie das

Gefühl hat, von mir ernst genommen zu werden und mit diesen Fragen zu mir kommen kann. Und nur, wenn Fritzi lernt, dass sie über diese Themen mit mir oder auch mit anderen sprechen kann, kann sie sich auch dagegen wehren, wenn andere Menschen Sachen machen, mit denen sie sich nicht wohl fühlt.

Ich zwinge Fritzi keine Gespräche über diese Themen auf. Sie muss auch nicht immer alles sofort und in Gänze verstehen. Sie bekommt so vieles mit, was sie nicht sofort komplett versteht. Wenn sie aber merkt, dass sie mit mir darüber reden kann, wird sie zu gegebener Zeit mit einer neuen Frage zu mir kommen.

Ähnliches gilt für Homosexualität. Fritzi ist nicht überfordert, wenn sie mitbekommt, dass Katja und Sandra ineinander verliebt sind. Es bringt für sie kein Weltbild durcheinander. Wir sprechen offen darüber. Sie korrigiert andere Kinder im Kindergarten, wenn diese behaupten, dass der Prinz sich nicht in einen anderen Prinzen verlieben könne. Sie weiß, dass es für sie nicht einzig und allein darum geht, irgendwann einen Mann zu finden, sondern sie weiß, dass sie sich auch in eine Frau verlieben kann und mit ihr, oder auch alleine, ein Kind bekommen. In ihrem Spielen kommen all diese Situationen vor. Wenn das bei anderen Kindern nicht vorkommt, liegt das wohl daran, dass die Diskriminierung im gesellschaftlichen Umfeld so allgegenwärtig ist, dass sich niemand zu erkennen gibt und die vielen existierenden Familien abseits der Mama-Papa-Kind-Norm für viele Kinder unsichtbar bleiben.

Ich versuche Fritzi zu vermitteln, dass ich sie auf all ihren Wegen unterstützen werde, auch wenn sie sich letztendlich irgendwann dazu entschließen sollte, einen Mann zu heiraten und sich überwiegend um Haushalt und Kinder zu kümmern. Die vielen Möglichkeiten und die unterschiedlichen Familienkonstellationen und Rollenbilder bringen sie nicht durcheinander und nehmen ihr nicht ihre Lebensorientierung. Fritzi wird auch nicht automatisch lesbisch, weil ich mit ihr offen darüber spreche. Wenn sie es aber wird, wenn sie sich in eine Frau verlieben sollte, wird das nicht zwischen ihr und ihren Eltern stehen und es wird auch nicht alles in Frage stellen, was ihr bisher über Liebe und Familien erzählt wurde.

Als Fritzi schläft, googele ich nach Kinderbüchern zur Frage, wie die Babys in den Bauch kommen. In den meisten Kinderbüchern entstehen Kinder durch Sex. Es ist immer Sex zwischen zwei ineinander verliebten Menschen. Einem Mann und einer Frau. Und dieser Sex ist in den Kinderbüchern fast immer ausschließlich dazu da, um Kinder zu zeugen. Was für ein schräges Bild gesellschaftlicher Verhältnisse.[12]

* * *

»Ich bin unsicher, was das Kindeswohl anbelangt«, sagte Angela Merkel im September 2013 in einer ARD-Sendung vor der Bundestagswahl auf die Frage, ob sie auch gleichgeschlechtlichen Paaren Adoptionen ermöglichen werde.

Das Kindeswohl ist nicht eindeutig definiert. Es ist ein interpretationsbedürftiger Begriff, der im Laufe der Zeit recht unterschiedlich ausgelegt wurde. Es ist noch nicht allzu lange her, dass körperliche Gewalt in der Erziehung nicht im Widerspruch zum Kindeswohl gesehen wurde. Heute herrscht glücklicherweise ein weitgehender gesellschaftlicher Konsens darüber, dass Gewalt eine Kindeswohlgefährdung ist.

Doch wird noch immer viel darüber diskutiert, ob das Aufwachsen in den unterschiedlichen Familienkonstellationen mit dem Kindeswohl zu vereinbaren ist. Dazu gibt es mittlerweile eine Vielzahl von Studien, die zu ganz ähnlichen Ergebnissen kommen. Die Unsicherheit der Bundeskanzlerin kann beispielsweise mit Blick auf eine unter ihrer Kanzlerschaft herausgegebene Querschnittsstudie ausgeräumt werden. Im Auftrag des Bundesministeriums der Justiz wurde im Jahr 2009 *Die Lebenssituation von Kindern in gleichgeschlechtlichen Lebenspartnerschaften* untersucht.[13] Die Studie kommt zu dem Ergebnis, dass es Kindern in Regenbogenfamilien durchschnittlich nicht schlechter geht als in anderen Familien und bezüglich des Kindeswohls nichts gegen ein Recht auf Adoption für gleichgeschlechtliche Lebenspartnerschaften spricht. Ein gewisser Anteil der Kinder in Regenbogenfamilien sind Diskriminierungen ausgesetzt, in der überwiegenden Mehrzahl der Fälle gehen die Eltern aber offen und selbstbewusst mit dem Thema um und reden mit den Kindern über die Diskriminierungserfahrungen. Viele Kinder der untersuchten Familien haben daher sogar ein etwas höheres Selbstwertgefühl als andere Kinder. »Die Ergebnisse der Kinderstudie legen in der Zusammenschau nahe, dass sich Kinder und Jugendliche in Regenbogenfamilien ebenso gut entwickeln wie Kinder in anderen Familienformen«, heißt es. Und das Fazit lautet: »Für die betrachteten Entwicklungsdimensionen von Kindern und Jugendlichen erwies es sich somit als nicht bedeutsam, ob sie bei einem alleinerziehenden Elternteil, zwei Müttern oder Vätern oder bei Vater und Mutter aufwachsen, sondern wie die Beziehungsqualität in diesen Familien ist.«

* * *

Ich telefoniere mit der Familientherapeutin Dr. Petra Thorn. Sie berät seit mittlerweile zwanzig Jahren Eltern und solche, die es werden wollen, zum Thema Kinderwunsch und Familienplanung. Zu ihr kommen lesbische und schwule Paare, Singles, die ein Kind bekommen möchten, aber auch heterosexuelle Paare, die aus irgendeinem Grund nicht ohne weiteres ein Kind bekommen können. Frau Dr. Thorn hat Kontakte zu Kolleginnen und Kollegen aus anderen Ländern und verfolgt aufmerksam die Forschung in diesem Bereich und auch die zum Kindeswohl.

Heterosexuelle Paare greifen auf Optionen wie künstliche Befruchtung zurück, warum sollten nicht auch alleinstehende Frauen oder lesbische Paare diese Möglichkeit für sich nutzen können? Mit Verweis auf die Studien und ihre eigenen Erfahrungen mit den Familien, die sie begleitet, bestätigt die Familientherapeutin meine Vermutung, dass es für die Kinder keinerlei negativen Auswirkungen hat, nicht durch Sex gezeugt worden zu sein. Im Gegenteil: Eltern oder Mütter, die die Kosten und den Aufwand einer künstlichen Befruchtung auf sich genommen haben, freuen sich manchmal sogar noch etwas mehr auf ihr Kind. Und mit Freude erwartet zu werden, tut den Kindern wohl eher gut.

Weder aus der Art der Zeugung noch aus dem Aufwachsen in einer der genannten Familienkonstellationen ergibt sich eine Gefährdung des Kindeswohls. Ich persönlich bin hingegen etwas unsicher, was das Kindeswohl von Kindern in Familien anbelangt, in denen die Eltern das eigene Modell als »natürlich« oder »normal« propagieren. Sie bringen ihre Kinder in die schwierige Situation, ein als »unnatürlich« und »nicht-normal« angesehenes Leben führen zu müssen, sollten sie beispielsweise lesbisch oder schwul sein.

Ich glaube nicht, dass das Kindern und ihrer Entwicklung guttut.

Die Familientherapeutin plädiert dafür, mit den Kindern selbstbewusst und offen über die Familie und ihre Zeugungsgeschichte zu sprechen. Eltern sind oft auf der Suche nach Ideen, mit welchen Worten sie ihren Kindern die Entstehung der eigenen Familie näherbringen können. Kinderbücher können dabei unterstützen, Formulierungen vorschlagen und Gespräche mit den eigenen Kindern einleiten und anregen. Während es solche Bücher beispielsweise in England und Amerika schon vor zwanzig Jahren gab, hatte Frau Dr. Thorn in Deutschland mit ihrer Veröffentlichungsidee bei keinem Verlag Erfolg und gründete ihren eigenen. Seitdem hat sie Bücher für Familien geschrieben, deren Kinder mit medizinischer Unterstützung und/oder Spendersamen gezeugt wurden, für lesbische Familien und für Single-Mütter mit Wunschkindern.

Handlungsbedarf

Regenbogenfamilien sind Realität und dabei so unterschiedlich, dass es nur bedingt aussagekräftig sein kann, sie unter einer Kategorie zusammenzufassen. Das Thema hatten wir bereits an vielen anderen Stellen. Es gibt viel Bewegung in diesem Bereich und es ist keine allzu gewagte Prognose, dass in den nächsten Jahren die Zahl der Regenbogenfamilien weiter wachsen wird. Immer selbstbewusster entscheiden sich Lesben und Schwule, Queer- und Trans-Personen dafür, Familien zu gründen.

Besonders Regenbogenfamilien sind jedoch sowohl staatlich-institutionell als auch alltäglich auf der Straße

Diskriminierungen ausgesetzt. Das zu ändern ist eine große gesellschaftliche Aufgabe. Warum können gleichgeschlechtliche Paare noch immer keine Ehe eingehen? Das Grundgesetz stellt zwar die Ehe unter einen besonderen Schutz, definiert sie aber nicht als Institution zwischen Mann und Frau. Warum können gleichgeschlechtliche Paare noch immer keine Kinder adoptieren? Es ist eine Frage der Zeit, bis diese Diskriminierungen vom Bundesverfassungsgericht gekippt werden. Der österreichische Verfassungsgerichtshof hat beispielsweise das Adoptionsverbot für gleichgeschlechtliche Paare bereits für verfassungswidrig erklärt. Statt auf Gerichtsurteile zu warten, kann die Politik durchaus mehr Engagement zeigen, um Ungerechtigkeiten zu beseitigen.

Darüber hinaus müssen Lösungen für die vielfältigen Formen von Regenbogenfamilien diskutiert und gefunden werden. Die meisten Regenbogenfamilien entstehen durch Samenspenden. Sowohl für anonyme als auch nicht-anonyme Spenden müssen klare Regelungen gefunden werden. Lesbische Paare brauchen Rechtssicherheit, auch wirklich Eltern des Kindes werden zu können. Die Samenspender müssen sicher sein können, nicht im Nachhinein noch in die Verantwortung genommen zu werden, wenn dies vorher anders abgemacht wurde. Stiefkindadoptionen müssen vereinfacht, die Verfahren verkürzt werden.

Der Umgang mit Adoptionen oder Geburtsurkunden aus dem Ausland muss klar geregelt werden. Über den Umgang mit Leihmutterschaften muss ausführlich diskutiert werden. Für einige Konstellationen müssen völlig neue Regelungen gefunden werden, zum Bespiel für die gemeinsame Elternschaft eines lesbischen Paares mit einem schwulen Paar. Es muss ein Umdenken erfolgen, Aufklärung stattfinden: Die

Pathologisierung von Trans-Personen muss beendet werden. Trans-Eltern müssen mit ihrem bevorzugten Geschlecht ernst genommen werden und die Möglichkeit bekommen, hiermit auch in der Geburtsurkunde des Kindes aufzutauchen. Sicherlich habe ich noch einige weitere Aspekte vergessen. Um den Handlungsbedarf genauer analysieren zu können, müsste die Politik sich also zuallererst mal die Mühe machen, sich die vielen Regenbogenfamilien genau anzuschauen.

Der Kampf gegen die alltägliche Diskriminierung auf der Straße, auf Schulhöfen und an Stammtischen ist eine ebenso große wie wichtige Aufgabe. Die vermeintliche oder tatsächliche Homosexualität einer Person mit abwertender Konnotation zu benennen, gehört noch immer zu den beliebtesten Beleidigungen. Regenbogenfamilien sind ständigen Outing-Situationen ausgesetzt, ohne die drohenden Konsequenzen und die eventuelle Diskriminierung vorhersehen zu können. Was Erwachsene am Arbeitsplatz geheim halten können, plaudern Kinder im Kindergarten oder in der Schule ohne Hemmungen und Vorsicht aus – und erzählen beispielsweise völlig selbstverständlich von ihren beiden Müttern. Mehr noch als kinderlose gleichgeschlechtliche Paare sind Regenbogenfamilien deshalb auf die Akzeptanz durch ihre Umwelt angewiesen. Um der wachsenden Zahl an Kindern aus diesen Familien gerecht zu werden, braucht es eine Auseinandersetzung mit diesem Thema in Kinderbüchern, im Schulunterricht und in der Öffentlichkeit. Einige Bundesländer sind mit Bildungsplänen zur Akzeptanz und Repräsentation von sexueller Vielfalt auf einem guten Weg.

Warum sollen nur bestimmte Familien in Kinderbüchern, Textaufgaben oder Fernsehserien repräsentiert werden?

Warum sollten sich nur bestimmte Kinder mit ihren Familienkonstellationen in solchen Geschichten wiederfinden? Warum sollten nur bestimmte Elternpaare wie selbstverständlich Hand in Hand durch die Straßen gehen können?

Familie sein ohne Kinder

Das Leben ist kein Kindergeburtstag

»Jetzt mal ehrlich: Warum genau möchtest du eigentlich noch ein Kind?«, fragt mich Nico. Er ist ein sehr enger Freund. Wir sprechen viel über unsere Lebensplanungen und seine Meinung ist mir immer wichtig. Nico weiß, wie es mir mit Fritzi manchmal ging. Ich saß schon weinend in seiner Wohnung, als ich zwischendurch mal nicht mehr weiterwusste. Heute passt er hin und wieder abends auf Fritzi auf, wenn sich mein Alltag nicht anders organisieren lässt. Nico ist ein oder zwei Jahre älter als ich, hat bisher kein Kind und hat auch nicht vor, jemals eines zu bekommen.

Schon häufiger habe ich Freundinnen und Freunden diese Frage angesehen, wenn ich von meinem Plan erzählt habe, ein zweites Kind bekommen zu wollen. Kaum jemand hat sich bisher getraut, diese Frage auszusprechen. Nicos Meinung ist mir wichtig. Ich möchte ihm deshalb eine möglichst ehrliche, aber auch überzeugende Antwort geben. Ich antworte mit einigen Argumenten, die ich hier auch schon beschrieben habe: Wie schön ich es finde, in einer großen Familie zu leben, gegenseitig Verantwortung zu übernehmen und füreinander da zu sein. Ich erzähle ihm aber auch, dass ich gerade diese Woche wieder ziemlich frustriert war. Ich wollte zu einer Diskussionsveranstaltung am Abend gehen und hätte eine Betreuung für Fritzi organisieren müssen. Weil gerade so viele Termine anstehen – Elternabend in der Kita und Arbeitstreffen am Abend –, habe ich mich nicht getraut, auch noch an diesem Abend nach einer Betreuungsperson für Fritzi zu fragen. Einen Babysitter zu bezahlen kann ich mir nicht leisten. Deshalb bin ich auf Freundinnen und Freunde angewiesen, die unentgeltlich auf Fritzi aufpassen und sie ins Bett bringen. Ihre Hilfsbereitschaft will und darf ich nicht überstrapazieren. Ich bin also zu Hause geblieben und war frustriert. Auch wenn ich in den letzten Jahren schon viel verpasst habe – und in Berlin ohnehin so viel los ist, dass ich auch ohne Fritzi einiges verpassen würde –, bin ich ab und zu noch immer frustriert, wenn ich in der Wohnung sitze, Fritzi im Nachbarzimmer schläft und ich nicht raus kann.

Die Frage ist also berechtigt: Will ich wirklich nochmal von vorne anfangen? Windeln wechseln, nicht durchschlafen und in fünf Jahren immer noch abends frustriert zu Hause sitzen? Bei Facebook schreibt mir eine Freundin, dass ihr kleiner Sohn zum ersten Mal eine Nacht durchgeschlafen hat und sie sich deshalb nicht mehr wie ein Zombie fühlt. Auch sie hat zum ersten Mal seit zweieinhalb Jahren eine Nacht durchgeschlafen. Seit zweieinhalb Jahren! Ich finde es immer wieder unvorstellbar, wie Mütter das aushalten. Wie viele es aushalten müssen. Ich konnte schon wenige Monate nach Fritzis Geburt wieder einzelne Nächte durchschlafen, wenn sie bei ihrer Mutter war.

* * *

Ich verabrede mich mit Mias Mutter, die ich am Rand eines Spielplatzes kennen gelernt habe, zu einem Spaziergang. Wir sprechen über Mia und über Fritzi. Darüber, wie anstrengend das Leben alleine mit Kind ist. Und wie aufreibend es ist, eine Ex-Partnerin bzw. einen Ex-Partner zu haben, der oder dem wir nicht aus dem Weg gehen können, weil es dieses gemeinsame Kind gibt. Wir sprechen darüber, wie schwer es mit Kind ist, Freundschaften zu Menschen ohne Kind aufrechtzuerhalten. Wie nervig es sein kann, Kindergeburtstage vorzubereiten. Es ist ein schöner Spaziergang und ein schönes Gespräch. Trotz der angesprochenen Themen. Wir sprechen auch darüber, dass ich eigentlich sehr zufrieden bin mit meinem Leben in den letzten fünf Jahren. Ich versuche klarzumachen, dass es mir trotz der ganzen Anstrengungen gut geht. Mias Mutter antwortet, dass es gar nicht so negativ klang, was ich erzählt habe. »Wenn man weiß, wie schwer das Ganze wirklich ist, klingen deine Beschreibungen überhaupt nicht negativ«, sagt sie.

Ein paar Tage später habe ich eine Lesung mit meinem vorherigen Buch, in dem es um mein Leben mit Fritzi geht. Im Publikum sitzen einige entfernte Bekannte von mir. Ich lese nicht nur vor, wie glücklich ich mit Fritzi bin. Ich finde es sehr wichtig, auch über Überforderung zu sprechen und über die Momente, in denen ich weinend auf dem Küchenfußboden saß. Schrecklich finde ich den Satz, den man immer wieder hört: »Aber wenn dich dein Kind dann anlächelt, ist alle Anstrengung vergessen.« Pah, überhaupt nichts ist vergessen, nur weil so ein Kind zwischendurch auch mal lächelt! Trotz oder vielleicht auch gerade aufgrund dieses offenen Umgangs kommt Lina nach der Lesung zu mir und erzählt, dass sie keine Kinder bekommen möchte und denkt, dass sich daran auch in Zukunft nichts ändern werde. Nach meiner Lesung könne sie sich aber zum ersten Mal in ihrem Leben vorstellen, warum Menschen sich das überhaupt antun.

Auch wenn sich in diesem Buch vieles um Kinder dreht: Es gibt auch Menschen, die möchten keine Kinder bekommen. Es gibt so viele gute Argumente dagegen, Kinder zu bekommen. Kinder sind nicht nur toll. Kinder machen auch sehr viel Arbeit. Das Leben mit Kindern ist anstrengend. Das Leben mit Kind ist kein einziger, großer Kindergeburtstag. Wobei der Vergleich nicht besonders gut passt, denn Kindergeburtstage gehören zumindest aus Elternperspektive nicht unbedingt zu den schönsten, sondern eher zu den anstrengendsten Tagen des Jahres. Kinder stellen das Leben komplett auf den Kopf. Mit Kind bleibt vor allem in den ersten Jahren kaum Zeit mit der Partnerin oder dem Partner. Dass Leute sich dagegen entscheiden, das eigene Leben durch Kinder komplett durcheinanderbringen zu lassen und stattdessen dafür, andere Ziele zu verfolgen, ist für mich nicht überraschend, sondern völlig nachvollziehbar.

Gesellschaftlicher Druck und biographisches Risiko

Ab einem gewissen Alter müssen kinderlose Menschen wahrscheinlich wesentlich häufiger erklären, warum sie sich gegen Kinder entschieden haben, als ich mich erklären muss, warum ich noch ein zweites Kind bekommen möchte. Obwohl ich mit einem doch schon manchmal an meine Grenzen gekommen bin. Malte Welding beschreibt in seinem Buch *Seid fruchtbar und beschwert euch!* viele Hindernisse für (werdende) Eltern und charakterisiert die deutsche Familienpolitik durchaus treffend als »Kein-Kind-Politik«. Er schreibt zwar, dass er niemanden überzeugen möchte, der sich gegen Kinder entschieden hat, dennoch lautet der Untertitel seines Buchs *Ein Plädoyer für Kinder – trotz allem*. Mein Buch soll weder ein Plädoyer für Kinder noch eines gegen Kinder sein. Nur weil ich eine bestimmte Entscheidung getroffen habe und sich diese für mich richtig anfühlt, heißt das noch lange nicht, dass die gleiche Entscheidung auch für andere richtig sein muss.

»Menschen ohne Kinder fehlt nichts, sie sind weder glücklicher noch unglücklicher, sie setzen einfach andere Prioritäten«, schreibt Sarah Diel in ihrem Buch *Die Uhr, die nicht tickt*. Auf Basis vieler Interviews mit kinderlosen Frauen unterschiedlichen Alters beschreibt sie eindrucksvoll den immensen gesellschaftlichen Druck, der auf Frauen lastet, die sich dagegen entschieden haben, eigene Kinder bekommen zu wollen. Sie beschreibt, wie in vielen Debatten das Kinderkriegen für Frauen noch immer als selbstverständliche und unhinterfragte Voraussetzung für ein erfülltes Leben konstruiert wird.

Durch die hier vorgestellten Konstellationen, z. B. als Frau alleine ein Kind zu bekommen, soll auf keinen Fall suggeriert werden, dass doch gefälligst alle Frauen irgendeinen der Wege nutzen sollten. Für diejenigen, die sich darüber im Klaren sind, dass sie ein Kind bekommen möchten, kann es sehr hilfreich sein, sich die Palette der Möglichkeiten vor Augen zu führen und damit eine Form des Zusammenlebens zu finden, die den eigenen Bedürfnissen am besten entspricht. Gleiches gilt jedoch auch für diejenigen, die sich gegen Kinder entscheiden. Zur Familienplanung können nicht nur Überlegungen über Adoption oder sogenannte künstliche Befruchtung gehören. Auch Verhütung und das Recht auf einen straffreien Schwangerschaftsabbruch sind Teil dieses Themas.

»Während Männer sich auch nach der Geburt eines Kindes auf ihre Karriere und auf die Einkommenserzielung konzentrieren, übernehmen Frauen noch immer den Großteil der Familien- und Erziehungsarbeit und schränken sich bei der Erwerbstätigkeit ein. Vor dem Hintergrund instabiler Partnerschaften und unzureichender Betreuungsangebote für Kinder bedeutet damit die Entscheidung für ein Kind ein ›biographisches Risiko‹ für Frauen«, analysiert selbst der *Achte Familienbericht*[14] aus dem Jahr 2012 des entsprechenden Bundesministeriums. Damit jede Frau selbstbestimmt über ihre Familienplanung und damit den Umgang mit ihrem biographischen Risiko entscheiden kann, braucht es zumindest einen barrierefreien Zugang zu Verhütungsmitteln. Dazu gehört auch die rezeptfreie Vergabe der sogenannten »Pille danach«, wenn eine Verhütungspanne passiert ist. Das deutsche Gesundheitsministerium hat sich entgegen der Empfehlung der Weltgesundheitsorganisation und der Entscheidung der EU-Kommission lange Zeit dagegen gewehrt und so ist sie erst seit Anfang 2015 ohne Rezept in Apotheken erhältlich.

Viele Frauen werden ungewollt schwanger. Klar ist aus meiner Perspektive, dass jede Frau das Recht darauf haben sollte zu entscheiden, ob sie ein Kind bekommen möchte oder nicht. Diskussionen über Schwangerschaftsabbrüche werden zumeist mit moralischen Argumenten geführt. Und oftmals kommen diese von Männern, also von Menschen, die selbst nie in die Situation kommen können, sich für oder gegen einen Schwangerschaftsabbruch im eigenen Körper entscheiden zu müssen. Frauen entscheiden sich überall auf der Welt dafür. Egal, ob es am jeweiligen Ort verboten ist oder nicht.

Es gibt keine eindeutigen Statistiken darüber, ob ein Verbot die Zahl der Schwangerschaftsabbrüche in einem Land verringert. Aber es erhöht die Zahl der Frauen, die infolge eines Abbruchs sterben. Die Weltgesundheitsorganisation geht davon aus, dass jährlich etwa 22 Millionen illegale Schwangerschaftsabbrüche durchgeführt werden, 47.000

Frauen kamen im Jahr 2008 durch unsichere illegale Abbrüche ums Leben. Die Staaten mit den liberalsten gesetzlichen Regelungen in Nordamerika und Westeuropa sind trotz des weitgehend straffreien Zugangs zu Schwangerschaftsabbrüchen weltweit die Staaten mit der geringsten Rate an Abbrüchen und die mit der geringsten Zahl an Todesfällen durch unsicher vorgenommene Abbrüche.[15]

Niemand sonst außer den betroffenen Frauen selbst sollte eine solche Entscheidung treffen können. Frauen, die sich für einen Schwangerschaftsabbruch entscheiden, sind keine unmoralischen, keine kinderhassenden und oftmals auch keine kinderlosen Frauen. Viele, die sich dafür entscheiden, haben bereits ein oder mehrere Kinder, wissen, worauf sie sich einlassen möchten und worauf nicht. Wollen wir Frauen dazu zwingen, gegen ihren Willen ein Kind auszutragen? Wollen wir Frauen dazu zwingen, ihr Leben für einen illegalen Abbruch aufs Spiel zu setzen? Oder möchte die Gesellschaft Frauen nicht vielmehr zugestehen, selbst über den eigenen Körper zu entscheiden und sich ohne Belehrungen und ohne Angst vor moralischer Verurteilung für oder gegen eine Schwangerschaft zu entscheiden?

* * *

Ich kann es sehr gut verstehen, wenn eine Frau nicht dazu bereit ist, sich den Stress eines Lebens mit Kind anzutun – vor allem vor dem Hintergrund, dass sie es (zumindest statistisch gesehen) sein wird, die die Belastung in den meisten Fällen überwiegend oder sogar komplett alleine aushalten muss. Ich finde es toll, wenn Menschen eine Vorstellung vom eigenen Leben haben und davon, was sie machen möchten. Es ist völlig klar, dass für manche kein eigenes Kind in die Lebensplanung hineinpasst. Ich vermute, es kann sehr schwer sein, sich dem Druck der Gesellschaft nicht zu beugen und zur Entscheidung gegen eigene Kinder zu stehen.

Ich fände es super, wenn mehr Menschen darüber nachdenken würden, wie es möglich sein kann, familienähnliche Strukturen mit gegenseitiger Verantwortungsübernahme auch in Freundschaften und ohne Kinder zu schaffen. Es wäre schön, wenn es häufiger klappt, auch in Freundschaften mehr Verbindlichkeit zu etablieren. Das Thema kommt in diesem Buch nicht weiter vor, aber auch in Bezug auf die Pflege von Familienangehörigen haben sich die Konstellationen radikal verändert. Konzepte von generationsübergreifendem Wohnen oder Senioren-WGs gibt es bereits. Für das Leben im Alter wäre es zwingend erforderlich, noch mehr über Wohnkonstellationen und Verantwortungsübernahmen jenseits von Eltern-Kind-Beziehungen nachzudenken, um auf die Rahmenbedingungen in der alternden Gesellschaft und auf die veränderten Familienmodelle, in denen die Menschen älter werden, zu reagieren.

Frauen, die sich ganz bewusst dazu entschlossen haben, keine Kinder zu bekommen, sind im Alter letztendlich sogar glücklicher als Gleichaltrige mit Kindern, hat erst kürzlich die europäische Vergleichsstudie *Generations and Gender Survey*[16] im Auftrag des Bundesinstituts für Bevölkerungsforschung herausgefunden. Oft haben sie auf vielfältige Art und Weise Kontakt zu Kindern, beispielsweise als Tante oder Freundin. Es wäre wunderbar, wenn Eltern mit der Verantwortung für ein Kind weniger alleine sein würden und andere Menschen öfter verbindlich am Familienleben beteiligt wären, die vielleicht keine eigenen Kinder bekommen möchten (oder können). Generell ist es auch mehr als eine Überlegung wert, was das »eigene« überhaupt in Bezug auf Kinder bedeutet. Sie gehören niemandem und nur weil der eigene Samen oder die eigene Eizelle an der Zeugung beteiligt war, heißt das noch lange nicht, dass ein besonderes Engagement gegenüber dem Kind zwangsweise erfolgt. Das beweist die Abwesenheit vieler Väter recht anschaulich.

Samanta und Anna, um deren Familien es jeweils weiter oben im Buch ging, bekommen z. B. Unterstützung für ihre Kinder von Menschen, die keine eigenen Kinder haben. Britta hat sich bewusst entschieden, keine eigenen Kinder zu bekommen und stattdessen vielmehr als verlässliche Bezugsperson in Samantas Familie Verantwortung zu übernehmen. Mit Fritzi ist es uns nicht so gut gelungen, andere verbindlich zu beteiligen. Auch wenn ich immer Unterstützung bekommen habe und es immer Freundinnen und Freunde gab, die auf Fritzi aufgepasst haben, so war ich mit der Verantwortung für Fritzi oft alleine bzw. zusammen mit ihrer Mutter alleine. Es ist uns nicht gelungen, Menschen fest mit einzubinden in unsere Strukturen – wobei das sicherlich nicht nur daran lag, dass sich diese Personen in unserem Umfeld nicht gerade aufgedrängt haben, sondern auch daran, dass wir uns nicht genügend darum gekümmert und vielleicht auch nicht bereit waren, Fritzi abzugeben. Es braucht also Eltern, die loslassen können und sich dabei wohlfühlen, ihr Kind an Menschen abzugeben, die vielleicht auch Erziehungsvorstellungen haben, die von den eigenen abweichen. Es muss Menschen geben, die sich auf Kinder einlassen und zuverlässig sind, auch wenn es nicht um »die eigenen« geht. Und natürlich gibt es auch noch viele weitere Möglichkeiten, ohne Kinder füreinander Verantwortung zu übernehmen und damit Familienzusammenhänge zu bilden.

Co-Elternschaft: Teil meiner Familie

Das Kennenlernen

Julia schreibt mir eine SMS. Wir sind zusammen zur Schule gegangen. Sie ist für eine Woche in Berlin und hat Lust, mit mir einen Kaffee trinken zu gehen. Wir verabreden uns und unterhalten uns über alte Zeiten. Und darüber, was wir gerade so machen. Sie war schon einmal kurz davor, eine Familie zu gründen und sich für ein Kind zu entscheiden, doch die Beziehung zu ihrem damaligen Freund ging auseinander. Ich erzähle ihr von meiner Idee, ein Kind mit einer Frau zu bekommen, die nicht meine Partnerin ist. Julia lacht.

Dann sieht sie in meinem Gesicht, dass das kein Witz war: »Das meinst du doch nicht ernst, oder?«, fragt sie.

»Doch«, antworte ich ihr.

»Du verarschst mich, oder?« Sie glaubt mir nicht.

»Nein«, antworte ich ihr.

»Das kannst du nicht ernst meinen, oder?«

Es dauert einige Minuten, bis ich sie davon überzeugen kann, dass ich es sehr wohl ernst meine. Julia ist sehr irritiert. Sie kann sich das gar nicht vorstellen. Als wir uns voneinander verabschieden, sagt sie noch, dass sie sehr gespannt ist, wie das mit mir weitergeht. Sie macht den Eindruck, als hätte sie gerade eine völlig verrückte Geschichte gehört, könne das immer noch nicht ganz glauben und sei schon gespannt, ob ich bei einem nächsten Treffen in ein oder zwei Jahren sage, dass ich selbst die Absurdität dieser Schnapsidee erkannt hätte.

»Ich bin auch gespannt«, antworte ich ihr.

Ein paar Tage später treffe ich mich mit Judith, einer ehemaligen Kommilitonin, zum Frühstück, nachdem ich Fritzi in den Kindergarten gebracht habe. Irgendwann erzähle ich auch ihr von meinem Plan. Judith ist irritiert. Sie hat viele Bedenken. Das klinge ihr alles sehr verkopft und unrealistisch. Wir reden noch einige Zeit weiter darüber und tauschen unsere Sichtweisen aus. »Vielleicht komme ich in fünf Jahren nochmal auf dich zurück, wenn du bis dahin noch keine Frau für deinen Plan gefunden hast«, sagt sie halb scherzhaft, halb nachdenklich, als wir uns voneinander verabschieden.

* * *

Ich treffe mich mit einigen Freundinnen und Freunden in einer Bar. Wir sind eine große Runde und sitzen um einen runden Tisch. Irgendwann, zu fortgeschrittener Stunde und nach einigen Gläsern Bier, dreht sich das Gespräch um das Thema Kinderwunsch. Ich bin der Einzige mit Kind. Aber alle sind in einem Alter, in dem sie sich schon ernsthafter mit Fragen der Familiengründung beschäftigen. Jeder berichtet, wie er sich das mit dem Kinderbekommen in der näheren oder noch etwas ferneren Zukunft, in seiner jeweiligen oder zukünftigen Beziehung so vorstellt. Zum ersten Mal erzähle ich einer größeren Gruppe von meiner Idee. Ich erzähle, wie schwierig es für Fritzis Mutter und mich war, als Eltern für Fritzi da zu sein und uns gleichzeitig auch noch um unsere Beziehung zu kümmern, als wir noch zusammen waren. Ich erzähle, wie ich mir manchmal vorstelle, wie viel einfacher es gewesen wäre, hätten wir uns auf einen der beiden konfliktträchtigen Bereiche konzentrieren können. Und überhaupt: Warum ist es selbstverständlich in einer Paarbeziehung, *gemeinsam* ein Kind zu bekommen?

Jenny, die neben mir sitzt, ist von der Idee spontan begeistert. Sie lacht. Ja, es werde so häufig argumentiert, dass es wichtig für ein Kind sei, in sicheren Verhältnissen aufzuwachsen: »Aber gibt es heutzutage überhaupt noch etwas unsichereres als eine Paarbeziehung?« An diesem Abend sind wir uns alle schnell einig. Sicherlich beeinflusst durch die fortgeschrittene Stunde und den geflossenen Alkohol schmieden wir Pläne. Wer aus dieser Runde könnte mit wem ein Kind bekommen? Als wir alle aufgeteilt haben, beschließen wir, dass wir uns natürlich auch alle gegenseitig unterstützen und irgendwie zusammen eine große Familie bilden würden. Insgesamt acht Personen. Mit vier Kindern. Wir lachen viel. Irgendwann reden wir wieder über ein anderes Thema. Wir haben einen sehr schönen und lustigen Abend zusammen.

* * *

Einige Wochen später: Fritzi ist um kurz vor sieben Uhr wach. Wie fast jeden Morgen. Sie ruft nach mir: »Mama!« Ich stehe auf. Gehe in ihr Zimmer. Ziehe den Rollladen nach oben. Es wird hell. Fritzi dreht sich um und vergräbt ihr Gesicht im Kopfkissen. »Guten Morgen«, wünschen wir uns. »Welcher Tag ist heute?«, fragt mich Fritzi. »Mittwoch«, antworte ich. Ausflugstag in der Kita. Fritzi weiß mittlerweile ziemlich genau, was an welchem Wochentag in der Kita passiert. Ich komme da häufiger durcheinander. Mittwoch, Ausflugstag, bedeutet für mich, dass ich ihren Rucksack packen muss. Ich lege Fritzi ihre Klamotten für den Tag hin, dann gehe ich in die Küche. Ich mache ihr ein Käsebrot und schneide einen Apfel für ihre Brotbox.

»Die Hose will ich nicht anziehen«, ruft Fritzi aus ihrem Zimmer in die Küche.

»Dann such dir eine andere aus dem Schrank«, rufe ich zurück. Als ich in der Küche fertig bin und nach ihr schaue, sitzt Fritzi mit ihrem Hemd im Bett und ist mit den Knöpfen beschäftigt. Bei der Suche nach einer anderen Hose hat sie ein Hemd gefunden, das sie ganz dringend anziehen möchte.

»Du knöpfst das Hemd schief«, weise ich sie darauf hin, als sie gerade am letzten Knopf angekommen ist. Nochmal von vorne. Ich biete ihr eine andere Hose an.

»Ich will die helle«, sagt sie.

»Die ist in der Wäsche«, antworte ich.

»Dann will ich einen Rock«.

Ich suche ihr eine Leggins und einen Rock aus dem Schrank und gehe ins Bad, um meine Zähne zu putzen und mich für den Tag fertig zu machen. Als ich aus dem Bad komme und nach Fritzi schaue, ist sie gerade noch mit ihrem Rock beschäftigt.

»Jetzt musst du dich langsam etwas beeilen. Geh bitte deine Zähne putzen«, treibe ich sie an.

»Ich kann doch nicht alles gleichzeitig machen«, bekomme ich eine etwas genervte Antwort. Ich packe meine Tasche für den Tag im Büro und schaue dann wieder nach Fritzi. Mittlerweile fertig angezogen, beugt sie sich über ihre Spielzeugkiste.

»Du solltest doch deine Zähne putzen«, erinnere ich sie.

»Ach ja, stimmt«, erinnert sie sich und trottet ins Bad.

Während ich meinen Fahrradschlüssel suche, höre ich Fritzi im Bad schreien.

»Was ist passiert?«, frage ich besorgt.

»Ich wollte deine Zahnpasta probieren, aber die ist viel zu scharf«, antwortet sie mir, der Wasserhahn läuft und Fritzi spült sich minutenlang den Mund aus. Dann nochmal von vorne. Dieses Mal mit ihrer Zahnpasta.

Frühstück bekommt Fritzi in der Kita. Nachdem sie ihre Zähne endlich geputzt und ihre Schuhe angezogen hat, können wir also direkt los. Den Kindersitz auf meinem Fahrrad habe ich abgebaut. Sie ist mittlerweile zu groß. Ich setze sie auf die Stange meines Fahrrads und schiebe sie in die Kita. Irgendwann in der letzten Woche hatte Fritzi ein Kleid an. Nun heute einen Rock. Eine Mutter verleitet das in der Garderobe der Kita zu der Frage: »Na Fritzi, bist du jetzt doch auf Kleider und Röcke umgestiegen?« Fritzi ist jedoch gerade zu sehr damit beschäftigt, ihre Hausschuhe zu suchen und kann deshalb nicht antworten. Eine andere Mutter sagt: »Dein Rock ist aber schön.« Keines der drei anwesenden Elternteile kommentiert das Aussehen der drei Jungs, die sich zeitgleich mit Fritzi ihre Straßenschuhe aus- und die Hausschuhe anziehen. Ich entschließe mich, heute gar nichts dazu zu sagen.

Von der Kita fahre ich direkt in mein Büro. Dort angekommen, falle ich auf meinen Stuhl. Ich bin der Erste im Büro, der Morgen verlief eigentlich sehr harmonisch und ohne größere Probleme, und trotzdem bin ich schon ein erstes Mal erschöpft. Bevor ich anfange, etwas zu schreiben, schaue ich nach meinen Mails. Ich habe eine Mail von Marie in meinem Postfach.

Der Abend, an dem wir in größerer Runde über unsere Familienplanungen gesprochen hatten, habe sie im Nachhinein sehr beschäftigt. Sie möchte auch demnächst ein Kind bekommen. Und sie könne sich das auch in einer solchen Konstellation vorstellen, wie ich sie beschrieben habe. Sie schreibt, dass sie mich mag. Sie schreibt, dass sie Fritzi mag, und sie schreibt auch, dass sie meinen Umgang mit

Fritzi mag. Und sie fragt mich, ob wir uns mal verabreden wollen, um darüber zu sprechen und unsere Pläne, Ideen und Gedanken abzugleichen.

Häufig, wenn ich in den letzten Wochen an meine Idee gedacht habe oder davon gesprochen habe, musste ich dabei an Marie denken. Ich kenne sie gar nicht so gut. Bei unseren bisherigen Begegnungen fand ich aber immer toll, was sie so gesagt hat. Und scheinbar kann sie sich eine Familie für sich, mit mir, nicht nur aus Spaß oder aufgrund des getrunkenen Biers vorstellen. Ich freue mich deshalb sehr über ihre Mail und bin sofort einverstanden, mich mit ihr zu treffen.

Es dauert noch zwei oder drei Wochen, bis wir es schaffen, einen Termin zu finden. Ich kenne Marie von der Uni. Seit etwa zwei Jahren. Wir beschäftigen uns mit ähnlichen Themen. Wir haben ein paar Seminare zusammen besucht und miteinander diskutiert. Ich bin immer sehr beeindruckt von ihren Diskussionsbeiträgen. Privat haben wir uns bisher nicht so oft getroffen. Doch auch Fritzi hat sie schon kennengelernt. Unter anderem waren wir zusammen bei einer Exkursion zur *documenta* in Kassel.

Wir waren dort mit unserem gemeinsamen Kolloquium für ein paar Tage. Weil ich keine Möglichkeit hatte, Fritzi anders unterzubringen, musste sie mit. Für die ganze Gruppe, etwa 15 Leute, war klar, dass ich nur mit Fritzi mitkommen kann. Alle nehmen Rücksicht darauf. Ich bin mir manchmal nicht sicher, ob einer Mutter ähnlich viel Verständnis entgegengebracht und das Kind ähnlich wohlwollend integriert würde.

Tagsüber sind wir in Kassel an den Ausstellungsorten unterwegs. Wir übernachten zusammen in einer Jugendherberge. Fritzi und ich haben ein Doppelzimmer im dritten

Stock. Nachdem ich Fritzi am Abend hingelegt habe, gehe ich mit Babyphone in den Aufenthaltsraum im Erdgeschoss zu unseren Mitreisenden. Es wird Wein getrunken, es werden Referate gehalten und der Tag wird ausgewertet. Irgendwann kommt ein undeutliches Weinen durchs Babyphone. Ich beeile mich, die drei Stockwerke nach oben zu kommen. Fritzi schläft tief und fest. Kaum wieder unten angekommen, höre ich wieder das Weinen. Wieder nach oben zu Fritzi: Ruhe. Wieder nach unten: Weinen. Wieder nach oben: Ruhe. Manchmal ist es auch unten für eine gewisse Zeit ruhig. Spätestens nach einer halben Stunde kommt jedoch wieder das Weinen und ich gehe die Treppen nach oben. Nach etwa fünf oder sechs Ausflügen zu Fritzi in den dritten Stock hören unsere Reisebegleiter das Weinen auch, während ich oben bei Fritzi bin und diese währenddessen weiterhin seelenruhig schläft. Die ganze Zeit klingt das Weinen schon so gar nicht nach Fritzi. Erst jetzt komme ich aber auf die Idee, dass es vielleicht noch ein weiteres Babyphone in der Nachbarschaft geben könnte, das auf der gleichen Frequenz sendet. Ich stelle die Frequenz um und habe den Rest des Abends Ruhe. So viel zu einem der wenigen bisherigen Erlebnisse zwischen Marie und mir, bei denen das Thema Familie eine Rolle spielte.

Zurück in die Gegenwart: Wir treffen uns an einem meiner kindfreien Abende in einer Bar. Ich erzähle Marie erneut davon, dass ich ein zweites Kind bekommen möchte. Ich habe große Lust auf Familie. Ich möchte ein Geschwisterkind für Fritzi. Und ich möchte dann auch – ähnlich wie mit Fritzi – viel mit diesem Kind zu tun haben. Ich möchte kein Samenspender für ein lesbisches Paar sein und das Kind nur einmal in der Woche oder womöglich noch seltener sehen. Eine 50/50-Aufteilung könnte ich mir vorstellen, wonach das Kind die Hälfte der Zeit bei der Mutter wäre und die andere Hälfte bei mir. Ich kann mir auch vorstellen, das Kind für längere Zeiträume zu übernehmen. Und ich sage das nicht nur einfach so. So wie viele Väter anfangs sagen, dass sie sich natürlich auch um ihr Kind kümmern würden, und es dann doch nicht oder nur sehr wenig tun. Fritzi ist ein gutes Bewerbungsschreiben. Marie sieht ganz konkret, dass ich meinen Wunsch nicht nur dahersage, mich um ein gemeinsames Kind kümmern zu wollen. Ich hab es in Bezug auf Fritzi unter Beweis gestellt. Und es ist sogar ein ziemlich cooles Kind dabei herausgekommen.

Marie erzählt auch von ihrem Kinderwunsch. Sie hat Lust, eine junge Mutter zu sein. Sie ist Mitte Zwanzig. Sie beendet gerade ihr Studium. Die Zukunft ist noch nicht konkret geplant. Also vielleicht ist das genau die richtige Zeit, ein Kind zu bekommen. Marie wird nicht ungeplant ein Kind in einer heterosexuellen Beziehung bekommen. Ein Kind kann ihr nicht einfach passieren, so wie Fritzi zu mir und ihrer Mutter gekommen ist. Als lesbische Frau mit Kinderwunsch ist Marie gefragt, sich eigene Gedanken darüber zu machen, wie und in welcher Konstellation sie ein Kind bekommen möchte. Sie kann nicht auf ein millionenfach vorgelebtes, medial präsentes und wenig hinterfragtes Modell zurückgreifen. Marie möchte nicht alleine sein mit Kind. Aber sie möchte auch nicht zusammen mit einer Partnerin in einer Beziehung ein Kind bekommen. Mit Cora ist sie noch nicht so lange zusammen. Eine Beziehung kann auch schnell wieder vorbei sein. Cora hat zudem eigene Pläne. Sie findet es gut, ein Kind nicht an ihre Beziehung zu Marie zu knüpfen. Als Maries Partnerin kann sie sich vorstellen, Teil eines gemeinsamen Familienplans zu sein, nicht jedoch als Elternteil.

Marie verfolgt schon länger die Diskussionen ihrer lesbischen Freundinnen und deren Ansätze zur Familienplanung. Sie bekommt mit, dass es nicht so einfach ist, in Bezug auf die Rolle des Vaters die richtige Entscheidung zu treffen und »den Richtigen« für diese Rolle zu finden. Marie möchte auch nicht jahrelang mit einem Kind zu Hause bleiben, sondern in den nächsten Jahren beruflich weiterkommen. Sie sucht nicht nur einen Samenspender, sondern einen Vater, der Lust hat, sich einzubringen. Eine 50/50-Aufteilung könnte sie sich vorstellen. Und dass beide Beteiligten sich gut verstehen, wäre sicher auch hilfreich.

Wir möchten uns besser kennenlernen und beschließen, uns von nun an regelmäßig zu verabreden. Wir reden gar nicht immer über unsere gemeinsame Idee. Wir reden über die Uni. Wir reden über Fritzi. Wir reden über viele andere Dinge. Mal treffen wir uns einfach zum Tatort schauen. Mal treffen wir uns mit Fritzi und gehen zusammen auf einen Friedhof, weil Fritzi sich unbedingt die Gräber anschauen möchte. Mal ist Maries Freundin Cora dabei. Mal reden wir auch sehr viel darüber, wie wir uns das vorstellen können mit einem Kind und ohne Paarbeziehung.

Intensive Gespräche über Familienplanung

Nach drei Monaten mit wöchentlichen Treffen schlendern wir über einen Weihnachtsmarkt. Marie, Cora und ich. Wir stellen fest, dass wir unsere Vorstellungen in Bezug auf Familie wahrscheinlich detaillierter besprochen haben als die meisten Paare.

Marie und ich sind uns einig darüber, dass wir uns unsere Freundschaft als Basis für eine gemeinsame Elternschaft vorstellen können und welche Vorteile dieses Modell hat. Wir werden niemals emotionale Trennungsgespräche führen müssen. Wir werden uns unausgeschlafen und gestresst in den ersten Monaten mit Kind nicht darüber streiten, wer die Spülmaschine ausräumt oder den Windeleimer runterbringt, weil wir trotz Kind nicht zusammenwohnen wollen. Wir haben darüber gesprochen, dass es in unserer Familienkonstellation immer wieder Menschen geben kann, die uns zusätzlich unterstützen. Cora möchte zwar nicht die Mutter unseres Kindes werden, aber sie ist Maries Partnerin und alleine deshalb schon Teil der Familie. Und vielleicht führe auch ich in meinem Leben mal wieder eine Paarbeziehung. Ich suche keine Mutter für meine Kinder. Wer mit mir zusammen sein möchte, muss mit mir und meinen Kindern aber auch mal am sonntäglichen Frühstückstisch sitzen.

Marie und mir ist klar, dass wir gemeinsam ein Kind bekommen möchten. Wir haben geklärt, dass ich auch rechtlich der Vater dieses Kindes sein werde und dass wir gemeinsam das Sorgerecht ausüben möchten. Wir haben über die Beziehung von Marie und Cora gesprochen und dass sie sich im Laufe der Zeit verändern könnte. Gefühle können sich ändern, Beziehungen können zerbrechen. Oder sie können lange halten. Je nachdem ergeben sich natürlich auch Veränderungen innerhalb unserer Konstellation und für unser Kind. Coras Position bietet daher reichlich Konfliktpotenzial und wir alle wissen, dass wir darüber zu dritt immer wieder sprechen müssen.

Auch die Nachteile unserer Idee haben wir diskutiert. Es kann passieren, dass wir uns in unserer Konstellation jeder für sich allein fühlen. Wir müssen versuchen, auch ohne Paarbeziehung sensibel und aufmerksam aufeinander Acht zu geben, uns gegenseitig auch emotional zu unterstützen und immer wieder miteinander zu reden.

Auch die konkrete Ausgestaltung unserer Familienkonstellation haben wir besprochen: Marie will nach der Geburt erst einmal für ein paar Monate zu Hause bleiben. Danach wollen wir möglichst zu gleichen Anteilen für das Kind sorgen, so dass es etwa die Hälfte der Zeit bei Marie und die andere Hälfte bei mir lebt. Die finanziellen Belastungen, die ein Kind mit sich bringt, wollen wir ebenfalls möglichst gerecht aufteilen. Uns beiden geht es nicht darum, das große Geld zu verdienen, sondern darum, möglichst viel Zeit mit dem Kind zu verbringen. Berlin soll für die nächsten Jahre, wenn nicht sogar Jahrzehnte, unser gemeinsamer Wohnort und Lebensmittelpunkt sein. Wir haben viel darüber gesprochen, wie wir uns das Leben mit Kind vorstellen und welche grundsätzlichen Erziehungsvorstellungen wir haben.

Wir werden nicht bei allem einer Meinung sein, das wissen wir. Doch wir sind uns einig, dass es für ein Kind kein Problem ist, wenn die Eltern nicht mit allem gleich umgehen und nicht auf alles gleich reagieren. Und dass wir beide diese Unterschiede respektieren müssen oder sie ansprechen und Kompromisse finden müssen.

Es wird immer wieder Themen geben, an die wir vorher nicht gedacht haben. Es ist nie möglich, alle Eventualitäten vorherzusehen und vorher zu besprechen. Jede noch so stabile Familie kommt in unvorhergesehene Situationen, in denen flexibel reagiert und unter Berücksichtigung aller Beteiligten Entscheidungen getroffen werden müssen. Eventuell müssen wir dann unsere Pläne nachjustieren. Uns ist klar, dass wir immer im Gespräch und dabei kompromissbereit bleiben müssen. Wir müssen beide ein großes Stück Vertrauen aufbringen.

Nach unserem Spaziergang über den Weihnachtsmarkt werden wir uns für einige Zeit nicht sehen. Ich fahre mit Fritzi in den Urlaub, dann zu meinen Eltern. Dann ist Weihnachten und auch Marie ist einige Wochen nicht in Berlin. In etwa einem Monat können wir uns wieder treffen. In der Zwischenzeit können wir jeweils in Ruhe darüber nachdenken, ob wir unseren Plan wirklich in die Tat umsetzen wollen. Wir haben über so vieles gesprochen, jetzt wollen wir die Zeit nutzen, um uns unabhängig voneinander zu entscheiden.

Wir verabschieden uns und freuen uns über unsere bisherigen Gespräche. Vielleicht behalten wir unsere regelmäßigen Treffen in Erinnerung als die, mit denen unsere gemeinsame Familiengeschichte begann. Oder auch nicht. Vielleicht lachen wir auch in paar Jahren über die Schnapsidee, die wir kurzzeitig hatten, und sind froh darüber, dass wir doch noch rechtzeitig zur Vernunft gekommen sind.

Überdenkzeit

Dezember. Ich fahre mit Fritzi in den Urlaub. Eine Woche Israel. In der Hoffnung auf Sonne. Leider geraten wir in den kältesten israelischen Winter seit vielen Jahren. Wir haben trotzdem eine wundervolle Zeit zu zweit und ich merke, wie schön es ist, dass Fritzi schon so groß ist und ich mich mit meiner Urlaubsplanung nicht mehr nur nach ihr richten muss, sondern wir mittlerweile auch an Orte reisen können, die ich besuchen möchte.

Zurück in Deutschland. Einige Tage vor Weihnachten machen wir uns zusammen auf den Weg nach Hessen, zu meiner Familie. Es gibt Zugausfälle an diesem Morgen.

Ein Reisender erkundigt sich nach den Gründen. »Ein Selbstmörder«, erklärt die Schaffnerin. »Da hat es wohl jemand vorgezogen, Weihnachten nicht im Kreis der Familie zu verbringen.«

Familie ist nicht immer einfach. Ich lebe 600 Kilometer entfernt von dem Ort, in dem ich aufgewachsen bin. Und das nicht ohne Grund. Ich habe keine größeren Probleme mit meiner Herkunftsfamilie. Ich bin auch manchmal gerne dort. Und trotzdem bin ich froh, sie nicht immer um mich zu haben. Ich bin froh, mein eigenes Leben zu leben. Ich verbringe Weihnachten schon seit Jahren nicht mehr mit meiner Herkunftsfamilie.

Am Tag vor Weihnachten fahre ich mit Fritzi wieder zurück nach Berlin. Wir genießen die Ruhe. Ich liebe Berlin an Weihnachten. Die Fenster sind dunkel und die Straßen sind leer. Viele Restaurants und Bars sind geschlossen. Alle sind bei ihren Familien. Ich bin auch bei meiner Familie. Ich mache mit Fritzi einen Spaziergang durch unseren Kiez.

Eine Familie so zu gestalten, dass sich die Kinder wohl fühlen und gerne nach Hause kommen, ist eine große Herausforderung. Das gilt für jede Familienkonstellation. Wenn Eltern und Kinder ähnliche Interessen, Einstellungen und Werte haben, kann natürlich auch alles ganz harmonisch und problemlos verlaufen. Spannender wird es, wenn sich die Vorstellungen vom Leben auseinanderentwickeln. Dann können manchmal Kleinigkeiten zu ernsthaften Streitigkeiten führen. Elisabeth, deren gescheiterte Ehe immer wieder Grund für Diskussionen mit ihren Eltern ist, erzählt mir beispielsweise, dass sie sich gegenüber ihrer Mutter auch mit Mitte Dreißig noch für ihre Frisur rechtfertigen muss.

Kinder suchen sich nicht aus, in welche Familien bzw. Familienverhältnisse sie hineingeboren werden. Es liegt vor

allem in der Verantwortung der Eltern, ein Umfeld bereitzustellen, in dem sich die Kinder sicher und geborgen fühlen, sich ausprobieren und Lebenspläne entwickeln können,
die sich eventuell von denen der Eltern unterscheiden. Das
heißt nicht, dass Eltern nicht auch eigene Vorstellungen
und Werte gegenüber den Kindern vertreten dürfen. Konflikte lassen sich oft ebenso wenig vorhersehen, wie sie ver-
mieden werden können. Die Diskussion über die vermeintlich falsche Frisur ist aber wahrscheinlich kaum nur ein
Konflikt um die Frisur. Dahinter stecken unterschiedliche
Lebenskonzepte und Vorstellungen davon, wie die eigene
Familie samt Haarschnitten vor Nachbarn oder sonstigen
Außenstehenden auszusehen hat.

Anstatt mit meinen Kindern über ihr Aussehen zu streiten, möchte ich mit ihnen über mein Lebenskonzept und
meine Entscheidungen diskutieren können und sie ihnen
erklären. Ohne zu erwarten, dass wir zwangsläufig zum gleichen Ergebnis kommen und einen ähnlichen Plan für ihr
Leben entwickeln müssen. Wenn mich meine Kinder irgendwann aufgrund der Entscheidungen doof finden, die
ich für sie getroffen habe, dann ist das so. Wenn meine Kinder die Familie, in die sie ungefragt hineingeboren wurden,
doof finden, dann werde ich traurig sein, aber dann ist das
so. Ich werde dennoch versuchen, sie so gut wie möglich zu
unterstützen, die Tür nie zuzuschlagen und ihnen immer die
Möglichkeit zu geben, bei mir zu klingeln. Vielleicht ergibt
sich irgendwann wieder eine Lebenssituation, in der sie auf
mich zurückkommen.

* * *

Ich nehme die Herausforderung an. Irgendwann während der ruhigen Tage nach Weihnachten treffe ich meine Entscheidung. Marie ist nicht meine Partnerin. Sie ist nicht die Person, die ich küssen möchte. Sie ist nicht die Person, mit der ich am Morgen im Bett aufwachen möchte. Aber sie ist eine Person, mit der ich eine Familie haben möchte. Es geht gar nicht darum, dass alle so leben müssen wie ich. Es geht nicht darum, dass in Zukunft Paarbeziehungen und Elternschaft getrennt werden muss. Aber für mich fühlt sich das sehr passend an.

Ich bin mir sicher, dass ich mit Marie ein Kind bekommen möchte. Es ist nicht so, dass ich die ruhigen Tage dazu nutze, endlos nachzugrübeln. Ich mache mir in diesen Tagen gar nicht mehr so viele Gedanken. Alles Wichtige haben wir bereits besprochen. Nun ist es gar keine reine Kopfentscheidung. Es geht nicht darum, die rational bestmögliche Entscheidung zu treffen. Ich habe einfach Lust darauf, mit Marie ein Kind zu bekommen. Die Entscheidung fühlt sich gut an. Und ich freue mich darauf, meinen Kindern irgendwann diese Entscheidung zu erklären.

Entscheidung und Befruchtung

Marie und ich treffen uns in einem Café. Wir haben uns ein paar Wochen nicht gesehen, uns zwischendurch nur ein oder zwei Mails geschrieben. In den Mails ging es aber nur darum, wie wir Weihnachten verbracht haben und wann wir jeweils wieder in Berlin sind. Nun sitzen wir zum ersten Mal wieder zusammen. Wir trinken Kaffee, essen ein Stück Kuchen, plaudern und vermeiden es lange, über unsere gemeinsame Familienidee zu sprechen. Ich erzähle von meinem Urlaub mit Fritzi in Israel. Auch Marie erzählt von ein paar Erlebnissen der letzten Wochen. Ich habe Angst, dass sich irgendwas für Marie geändert haben könnte. Dass die gemeinsame Idee für sie doch nicht die richtige sein könnte. Dass sie zwar weiterhin ein Kind bekommen möchte, aber nicht mit mir. Dass sie weiter auf die Suche gehen möchte nach jemandem, mit dem sie ihre Familie gründen will.

»Also, ich habe mich entschieden. Ich würde gerne versuchen, mit dir ein Kind zu bekommen. Je mehr ich in den letzten Wochen darüber nachgedacht habe, desto schöner finde ich die Vorstellung, mir dir eine Familie zu gründen«, sage ich schließlich. Marie freut sich und sagt, es gehe ihr genauso. Auch sie habe Lust, mit mir ein Kind zu bekommen. »Es ist nicht so, dass ich keine Zweifel hätte. Natürlich denke ich auch manchmal darüber nach, ob das wirklich alles gutgehen kann. Aber eigentlich geht es darum ja gar nicht. Es wird nie alles gutgehen und es wird immer Zweifel geben«, ergänze ich. »Es fühlt sich an wie ein großes Experiment. Ich habe Lust darauf und ich freue mich sehr auf die Familie, die daraus entstehen kann. Wir können das gut zusammen hinbekommen – auch wenn sicherlich nicht alles so glatt laufen wird, wie wir es planen.«

Wir freuen uns über unseren Plan, die gerade getroffene Entscheidung und unser Gespräch und kommen schließlich darauf zu sprechen, wie wir nun weiter vorgehen. Marie erzählt, dass sie schon angefangen hat, ihren Zyklus genauer zu beobachten und ihre fruchtbaren Tage zu berechnen. Die einfachste und erfolgversprechendste Methode, um schwanger zu werden, habe sie sowieso schon vor einiger Zeit im Internet recherchiert und einen sogenannten Menstruationsbecher bestellt. Immer mehr Frauen in meinem Umfeld benutzen diesen als Alternative zu Tampons und Binden während ihrer Periode. Genauso, wie sich damit während der Periode das Blut aus der Gebärmutter auffangen lässt, lässt sich damit Sperma in die Nähe der Gebärmutter befördern.

Viele Menschen interessieren sich brennend dafür, wie wir ein Kind zeugen wollen. Aber die meisten trauen sich nicht, danach zu fragen. Ich werde gefragt, ob wir das Kind auf »natürliche« Art und Weise zeugen wollen oder ob wir zu einem Arzt gehen. Dass ich es grundsätzlich problematisch finde, kulturelle Praktiken als »natürlich« zu bezeichnen, habe ich bereits dargelegt. Sexualität ist eine solche Praxis und damit nicht frei von kulturellen Aushandlungen, nicht frei von gesellschaftlichen Konventionen und Entwicklungen.

Ohne jemals darüber gesprochen zu haben, ist für uns völlig klar, dass wir nicht miteinander ins Bett gehen werden, nur um ein Kind zu zeugen. Aber irgendwie muss die Samenzelle zur Eizelle. Und dafür gibt es viele Möglichkeiten – auch ohne Sex und auch ohne Ärztin oder Arzt.

Wir müssen uns also an einem von Maries fruchtbaren Tagen treffen, um die nächste Phase unserer Familiengründung starten zu können. Noch am Abend bekomme ich eine Mail von Marie. Sie hat ausgerechnet, wann ihre fruchtbaren Tage sein könnten. Wir verabreden uns für zwei Tage, Montag und Mittwoch in zwei Wochen. Es ist doch etwas anderes, nur über eine Idee zu sprechen – und sie dann tatsächlich in die Tat umzusetzen. Das alles zu planen fühlt sich dennoch sehr gut an. Sehr selbstbestimmt. Sehr überlegt und reflektiert. Und trotzdem keineswegs emotionslos.

Am ersten Befruchtungstermin ist Fritzi krank. Eigentlich hatten wir verabredet, dass ich zu Marie gehe, während Fritzi in der Kita ist. Nun liegt sie krank auf dem Sofa. Eine Woche mache ich kaum etwas anderes, als mich um die kranke Fritzi zu kümmern. Marie muss zu uns kommen. Die Zeit mit einem kranken Kind allein zu Hause war so anstrengend, dass unser erster Befruchtungsversuch an einem der Tage stattfindet, an dem ich mir schlecht vorstellen kann, ein zweites Kind bekommen zu wollen. Ich gehe ins Schlafzimmer. Nachdem ich fertig bin, komme ich raus und Marie verschwindet ins Schlafzimmer. Fritzi liegt in der ganzen Zeit regungslos auf dem Wohnzimmersofa. Sie bekommt nicht viel mit. Marie geht wieder und ich bleibe mit Fritzi alleine. Marie wird nicht schwanger. Bei unserem nächsten Versuch im darauffolgenden Monat habe ich meine Euphorie zurück. Ich besuche Marie zum Frühstück. Es funktioniert schon etwas routinierter. Wir lachen dennoch verlegen, als ich aus dem Schlafzimmer komme.

»Ich bin schwanger«

Ich bin in meinem Büro, als an einem Vormittag mein Telefon klingelt. Es ist Marie.

»Ich bin schwanger«, sagt sie. Irgendwie hätte ich damit rechnen können. Trotzdem bin ich überrascht und weiß nicht, was ich sagen soll. Zwei Monate haben wir es erfolglos versucht. Im dritten Monat hat es nun also geklappt.

»Cool«, sage ich irgendwann. Und: »Wow!« Für einen kurzen Moment bin ich mir nicht sicher, ob das eine gute Nachricht ist. Und ob es für Marie eine gute Nachricht ist. Ich bin mir für einen kurzen Moment überhaupt nicht mehr sicher, ob das alles gutgehen wird. Bis hierhin war alles nur Theorie. Bis hierhin waren alles nur Gedanken. Pläne. Gespräche. Naja, die Zeugung an sich war dann doch schon etwas mehr als nur Theorie.

Es ist nicht das erste Mal in meinem Leben, dass eine Frau zu mir sagt, dass sie von mir schwanger ist. Fritzis Mutter und ich haben etwa zwei Wochen gebraucht, um uns über die Schwangerschaft zu freuen und uns für das Kind zu entscheiden. Dieses Mal ist es anders. Dieses Mal haben wir uns schon vor der Zeugung entschieden, ein gemeinsames Kind bekommen zu wollen. Trotzdem bin ich für einen Moment unsicher.

»Cool, oder?«, frage ich Marie zur Sicherheit.

»Ja, klar«, antwortet sie. Nachdem wir uns damit gegenseitig versichert haben, dass das eine gute Nachricht ist und wir beide noch zu unserem Plan stehen, freuen wir uns zusammen. Jetzt wird unser Projekt erst so richtig spannend, stellen wir fest.

Als wir aufgelegt haben, setze ich mich wieder an meinen Schreibtisch vor meinen Bildschirm. An arbeiten ist heute nicht mehr zu denken. Ich grübele. Vor nicht einmal einem Jahr war das Ganze noch eine mehr oder weniger verrückte Idee. Jetzt ist es ernst. Ich erzähle meinen beiden Bürokollegen davon. Sie beglückwünschen mich. Dann gehen wir zusammen Mittagessen. Wir reden die ganze Zeit darüber, wie das werden wird, wenn ich zwei Kinder habe. Ich erzähle von unseren Plänen. Und muss zwischendurch immer wieder grinsen.

Am Nachmittag hole ich Fritzi aus der Kita. Auf dem Weg nach Hause erzähle ich ihr, dass Marie schwanger ist. Ich versuche ihr deutlich zu machen, dass es trotzdem noch sehr lange dauern wird, bis ihr Geschwisterkind auf die Welt kommt. Gerade haben wir den Winter überstanden. Bis das Kind da ist, wird es wieder Winter sein. Fritzi hat viele Fragen. Wir sprechen nicht zum ersten Mal darüber. Fritzi kennt unseren Plan, ein Kind zu bekommen. Ich muss ihr noch einmal bestätigen, dass ich der Vater des Kindes werde. Und Marie die Mutter. »Aber Marie wird nicht meine Mama? Meine Mama bleibt meine Mama, oder?« Die Fragen sprudeln nur so aus ihr heraus. »Wo wird das Kind wohnen?«, »Und was ist mit Cora?«, »Kann ich dann auch mit meinem Geschwisterkind spielen?« Ich versuche alle ihre Fragen so gut es geht zu beantworten.

Ich erzähle sofort allen meinen Freundinnen und Freunden davon, dass Marie schwanger ist. Manche Menschen warten für die offizielle Verkündung der Schwangerschaft die ersten drei Monate ab. Warum soll ich drei Monate warten? Sicherlich kann gerade am Anfang einer Schwangerschaft noch sehr viel passieren. Genauso wie ich möchte, dass sich meine Freundinnen und Freunde mit mir über die Schwangerschaft freuen, möchte ich auch, dass sie mit mir traurig sind, wenn es doch nicht klappt. Also spricht für mich nichts dagegen, mit allen darüber zu sprechen.

Als ich meiner Herkunftsfamilie davon erzähle, dass ich ein zweites Kind bekomme, sind die Reaktionen höchst unterschiedlich. Co-Elternschaft wird zu einem wichtigen Gesprächsthema in den Freundeskreisen meiner Eltern. Es bietet viel Diskussionsstoff. Die meisten brauchen erst einmal etwas Zeit, um die Information zu verdauen. Ich erzähle meistens die ganze Geschichte. Ich erzähle, dass ich mit Marie nicht zusammen bin. Und weil sich kaum jemand traut nachzufragen, ich aber häufig genau sehe, welche Frage im Kopf der Person gegenüber vorgeht, erzähle ich auch noch von der Bechermethode.

Fritzi ist in der Regel zwischen sieben und acht Stunden in der Kita. Ich bringe sie oft schon um acht Uhr hin. Und hole sie dann irgendwann zwischen fünfzehn und sechzehn Uhr wieder ab. Die Zeit dazwischen verbringe ich in meinem Büro. Wirklich produktiv bin ich allerdings deutlich weniger als sieben Stunden pro Tag. Von der Kita ins Büro brauche ich mit meinem Fahrrad etwa zwanzig Minuten. Irgendwas Organisatorisches gibt es immer zu klären. Mit Fritzis Mutter. Mit der Kita. Menschen, die acht Stunden am Tag arbeiten, müssen solche Sachen abends klären, wenn das Kind im Bett ist. Ich nehme mir den Luxus, so etwas in der Kitazeit zu bearbeiten.

Ich bin außerdem nicht gut darin, zwei Sachen gleichzeitig im Kopf zu haben. Wenn ich einen stressigen Job vor mir habe, kann ich mich manchmal nicht so gut auf Fritzi einlassen. Wenn ich einen Tag mit ihr verbringe, vergesse ich nicht selten irgendetwas, was ich eigentlich hätte erledigen müssen. Im Büro bin ich oft müde und erschöpft oder denke an irgendwas, das mit Fritzi zu tun hat. In die Bürozeit fällt auch noch das Mittagessen. Danach bin ich meist erst so richtig müde. Zieht man diese ganze Zeit ab, bleibt nicht mehr viel, um zu arbeiten. Das Thema, wie ich unseren Alltag und meinen Job unter einen Hut kriege, wird mich in den nächsten Jahren weiterhin beschäftigen. Mit einem Kind stoße ich manchmal schon an meine Grenzen. Mit zwei Kindern wird das sicherlich nicht einfacher.

Es wird viel über Vereinbarkeit gesprochen, diskutiert und in den Feuilletons geschrieben. Es geht um die »Alles-ist-möglich-Lüge« und um »man kann nicht alles haben«. Gemeint ist damit meistens die Vereinbarkeit bzw. die

Unvereinbarkeit von Familie und Berufsleben. Aber gibt es nicht noch etwas darüber hinaus? Wie sieht es mit der Vereinbarkeit von Familie, Beruf, Privat- und Beziehungsleben aus? Für manche ist das bis auf den Beruf vielleicht alles deckungsgleich. Bei mir ist das nicht so. Ich sehne mich immer auch nach Zeit für mich. Und nur für mich. Und nach sozialen Kontakten außerhalb meiner Familie. Viele stöhnen am Montagmorgen, weil es noch fünf Tage bis zum nächsten Wochenende sind. An jedem zweiten Montagmorgen sind es bei mir noch zwölf Tage bis zum nächsten (kindfreien) Wochenende. Wie soll das erst mit zwei Kindern werden? Bei einigen Familien aus meinem Umfeld liegt das soziale Leben mit dem zweiten Kind erst einmal brach.

Natürlich ist nicht alles möglich. Es geht darum, Prioritäten zu setzen. Eine Balance zu finden zwischen Familie, Beruf, Privat- und Beziehungsleben. Der Entscheidungsspielraum ist manchmal nicht sehr groß. Irgendwie muss der Lebensunterhalt gedeckt werden. Die Kinder müssen versorgt werden. Daran führt kein Weg vorbei. Dennoch gibt es einen gewissen Handlungsspielraum. Ich habe mich entschieden, dass meine Karriere nicht die größte Priorität genießt. Im Moment klappt es ganz gut, meine kleine Familie zu ernähren, wenn auch sehr prekär und nah an der Armutsgrenze. Manchmal frage ich mich, ob das langfristig gutgehen kann. Und wie das mit zwei Kindern funktionieren wird. Ich werde dann nicht nur noch unausgeschlafener sein, muss morgens manchmal zwei Kinder fertig machen und wegbringen, bevor ich an meinem Arbeitsplatz ankomme. Theoretisch müsste ich auch noch etwas mehr Geld verdienen. Kleine Kinder sind noch vergleichsweise günstig, aber irgendwann ändert sich das auch.

Ich muss nicht nur auf finanzielle Sicherheit verzichten. Fritzi ist an ihrem fünften Geburtstag nicht bei mir. Ihr Geburtstag fällt auf einen Dienstag. Am Mittwoch sehe ich sie wieder. Unser üblicher Rhythmus. Erst dachte ich, es mache mir nichts aus. Ich muss keine Muffins für die Kita backen. Das übernimmt Fritzis Mutter. Und ich kann mit Fritzi am Freitag ihren Kindergeburtstag feiern. Am Dienstag bekomme ich ständig Nachrichten. Weil Fritzi noch kein eigenes Telefon und keine eigene Facebook-Seite hat, bekomme ich Glückwünsche geschickt, damit ich sie an Fritzi weitergebe. Kann ich aber nicht. Weil Fritzi ja nicht bei mir ist. Ich werde etwas traurig. Und hoffe, dass sie einen schönen Tag hat. Eigentlich bin ich mir sicher, dass sie es genießt, in der Kita im Mittelpunkt zu stehen und den Nachmittag mit ihrer Mutter zu verbringen.

* * *

Elisabeth fragt mich bei einem Date, ob ich mich auf mein zweites Kind freue. Ja, ich freue mich sehr. Ich habe Lust auf Familienleben mit zweitem Kind. Ich male mir aus, wie ich es gerne hätte. An manchen Tagen möchte ich beide Kinder bei mir haben. An manchen Tagen jeweils nur eins. Und gerne möchte ich regelmäßig auch weiterhin ein oder zwei Tage gänzlich ohne Kinder verbringen. Ich hoffe, dass sich das so koordinieren lässt. Ich habe Angst vor den ersten drei Jahren, erzähle ich. Vor dem Unausgeschlafensein. Und ich habe auch Angst vor der Unvereinbarkeit. Ich habe Angst, dass mein Privat- und Beziehungsleben noch weiter auf der Strecke bleiben. Dass es noch schwieriger wird, die Zeit mit der Familie, meine Jobs, meine individuellen Interessen und Bedürfnisse und eine eventuelle Paarbeziehung miteinander zu vereinbaren.

Vorwurf »Ego-Familie«

Bei einem Familienausflug mit den Eltern und Kindern aus Fritzis Kita spreche ich mit drei oder vier Müttern über Fritzis Frage, wie die Babys in den Bauch kommen. Eine Mutter sagt, dass Fritzi ihren Sohn aufgeklärt habe. Sie muss das nun gar nicht mehr selbst übernehmen. Wir sprechen über Aufklärungsbücher und ich sage, wie schade ich es finde, dass in den meisten Büchern nur heterosexueller Geschlechtsverkehr zur Erklärung angeboten wird. Irgendjemand sagt etwas über Reagenzgläser und künstliche Befruchtung. »Ach, das muss man den Kindern doch noch nicht erzählen«, entgegnet eine Mutter. Ich erzähle von Fritzis Geschwisterkind. Und dass ich gerne möchte, dass alle Kinder mit ihren Geschichten Berücksichtigung finden. Warum soll nur über die Zeugung von bestimmten Kindern gesprochen werden? Ich erzähle davon, wie wir Fritzis Geschwisterkind gezeugt haben. »Ich wusste gar nicht, dass das geht«, sagt eine Mutter.

Fritzi weiß, wie ihr Geschwisterkind gezeugt wurde. Wir haben offen darüber gesprochen. Sie weiß, dass sie in den Bauch ihrer Mutter kam, indem ihr Vater seinen Penis in die Muschi ihrer Mutter gesteckt hat, so wie es in einem ihrer Aufklärungsbücher beschrieben ist. Und sie weiß, dass ihr Geschwisterkind gezeugt wurde, indem ihr Vater seinen Penis in einen Becher gehalten hat und Marie sich diesen Becher dann in ihre Muschi gesteckt hat. »Wenn ich mal ein Kind will, dann mache ich das auch mit Penis in den Becher halten«, sagt sie zu mir. Ich finde es völlig verständlich, dass für ein fünfjähriges Kind diese Art der Kinderzeugung wesentlich angenehmer erscheint.

Fritzi erzählt von dieser Zeugungsmethode auch in ihrer Kita. Damit sie mit ihrer Geschichte ernst genommen wird und alle wissen, dass sie der Realität entspricht, entschließe ich mich am Ende eines Elternabends, vor allen anwesenden 25 Eltern und der kompletten Kitabelegschaft meine Familiengeschichte zu erzählen. Ich erzähle von Marie und Cora. Ich erzähle von der Schwangerschaft. Ich erzähle von unseren Planungen. Ich erzähle davon, dass ich nicht nur meinen Samen gespendet habe. Ich erzähle davon, dass ich für dieses Kind da sein werde und eine ähnliche Rolle gegenüber dem Kind einnehmen möchte wie bei Fritzi. Ich erzähle, dass das Kind trotz der anderen Mutter Fritzis Schwester oder ihr Bruder sein wird, nicht ihre Halbschwester oder ihr Halbbruder. Zuletzt erzähle ich noch von der Zeugungsmethode, durch die das Kind entstanden ist.

Viele Eltern und auch die Leiterinnen der Kita umarmen und beglückwünschen mich anschließend. Aber ich höre an diesem Abend auch Sätze wie: »Elf von zwölf Kindern in der Gruppe entsprechen der Norm. Deshalb ist es die Aufgabe der Kita, auch mit dieser Norm zu arbeiten und nicht so zu tun, als seien alle Familienformen gleichwertig«, »Irgendwann geht es mit dieser Vielfalt auch zu weit« und »Heutzutage muss man sich ja schon entschuldigen, wenn man ganz normal verheiratet ist.«

Um das noch einmal klarzustellen: Keine Familie soll das Gefühl haben, sich vor mir rechtfertigen zu müssen, weil die Eltern »ganz normal verheiratet« sind. In diesem Buch kommen auch sie vor. Sie erzählen ihre Geschichten tagtäglich tausendfach in Blogs, in Zeitungsartikeln, Fernsehserien und Filmen. Ich höre aufmerksam zu, finde spannende Aspekte und lerne von ihnen. Wenn ich auch einmal von meiner Familie berichten will, wenn ich möchte, dass auch meine Familiengeschichte Berücksichtigung findet, heißt das nicht, dass diese Familien sich plötzlich entschuldigen müssten.

Co-Elternschaft ist ein recht neues Thema. Bisher wurde noch nicht viel dazu publiziert. In einem Magazin erscheint ein Kommentar dazu unter der Überschrift »Die Ego-Familie«. Für Kinder sei es wichtig, die Liebe ihrer Eltern zu erleben, damit sie selbst lieben können, schreibt der Autor. Über mehrere Generationen hinweg reiche diese Liebe. Wenn nun egoistische Singles Kinder in die Welt setzen, die nicht »das Resultat von Liebe zwischen zwei Menschen« seien, sondern »das Produkt eines Bedürfnisses, das zwei Erwachsene unabhängig voneinander haben«, dann »zerbröselt die gesamte Gesellschaft.« Puh! Ich weiß gar nicht, wo ich anfangen soll, dagegen zu argumentieren. Ich habe bereits darüber geschrieben, dass manche Menschen dazu neigen, aktuelle Wertvorstellungen auf die Vergangenheit zu übertragen. Die Liebe zwischen Eltern als das zu bezeichnen, was unsere Gesellschaft über Generationen hinweg zusammengehalten hat, hat nicht viel mit der Realität zu tun. Der Zusammenhang zwischen Ehe und Liebe oder zwischen Familie und Liebe ist vergleichsweise neu. Über viele Jahrhunderte hinweg haben Menschen aus Standesgründen und finanziellen Interessen geheiratet und Kinder bekommen, oder einfach, weil die Eltern das für sie so arrangiert haben − oft also aufgrund von egoistischen Motiven und (fast) nie aus Liebe. Und ob Kinder aus heutigen Ehen immer völlig selbstlos und nur aus Liebe entstehen, ist zumindest fraglich.

Ich habe darüber hinaus den Eindruck, dass der Autor Liebe mit Sex verwechselt. Ich hatte zwar keinen Sex mit Marie. Das heißt aber noch lange nicht, dass wir deshalb nicht lieben können und unserem Kind keine Liebe geben können. Ich weiß nicht, ob ich sagen würde, ich liebe Marie. Aber uns verbindet so viel, dass ich mich entschieden habe, mit dieser Person ein Kind zu bekommen. Ich kann mich nicht in zwei Jahren wieder von ihr trennen. Mit der Entscheidung, ein Kind mit ihr zu bekommen, binde ich mich für mindestens zwanzig Jahre an diese Frau. Ich habe mir die Entscheidung nicht leicht gemacht. Und es ging mir nicht darum, möglichst schnell mit irgendeiner Frau irgendein Kind zu bekommen. Ich habe viel überlegt. Wir haben viel besprochen. Und irgendwann habe ich mich entschieden. Nicht nur aufgrund aller ausgetauschten Argumente, sondern auch, weil ich mich gut dabei gefühlt habe. Weil ich Lust hatte, mit dieser Frau eine Familie zu gründen. Voller Liebe. Und ohne Sex.

Wenn ich von meiner Familie erzähle, höre ich seit der Schwangerschaft immer wieder die Frage: »Fehlt da nicht die Liebe?« Nein! Unser Kind wird die vielfältigen Arten von Liebe kennenlernen. Es wird unsere freundschaftliche Liebe kennenlernen, die Basis unserer gemeinschaftlichen Elternschaft ist. Es wird romantische Liebe kennenlernen. Die mal beständiger, mal unbeständiger ist. Wie im richtigen Leben und wie in jeder anderen Familie auch. Und natürlich wird unser Kind die Liebe der Eltern zu ihren Kindern erleben.

Mein zweites Kind ist noch nicht einmal geboren und ich erlebe ständige Be- und Abwertungen meiner Familie. Für einige in diesem Buch vorkommende Familien ist das seit Jahren Alltag. Kein Mensch ist mehr wert als ein anderer. Keine Familie ist mehr wert als eine andere. Für alle Menschen geht es darum, irgendwie glücklich zu werden. Aufeinander zu achten. Füreinander dazusein. Verantwortung füreinander zu übernehmen. Zusammen zu lachen und zu weinen. Zu lieben. Warum nehmen sich Menschen das Recht heraus, über den Lebensweg anderer zu urteilen? Das macht das Leben für die betroffenen Familien nicht einfacher.

Die feindiagnostische Untersuchung

Marie geht alleine oder zusammen mit Cora zu den Terminen bei ihrer Frauenärztin. Danach schreibt sie mir eine SMS, dass alles in Ordnung ist, oder ruft kurz an.

Mein Telefon klingelt. Ich weiß, dass sie gerade einen Untersuchungstermin hatte. Ob ich das Geschlecht wissen will, fragt sie mich. Die Frage überrumpelt mich, ich hatte damit gerechnet, erst in ein paar Wochen, bei der feindiagnostischen Untersuchung, damit konfrontiert zu werden und stammele deshalb etwas herum:

»Äh, hm, ja, schon; konnte man es etwa schon erkennen?«, frage ich zurück.

»Ja, es wird wahrscheinlich ein Mädchen«, antwortet sie. »Die Ärztin meinte, es sei schon gut zu sehen gewesen.«

Ich freue mich sehr darüber. Ich hätte mich auch über alles andere gefreut. Fritzi ist ein tolles Mädchen. Jetzt bekommt sie eine tolle Schwester. Wahrscheinlich. Ich werde in den nächsten Jahren viel mit Frauen zu tun haben. Zwei Töchter. Ihre zwei Mütter. Die Partnerin einer Mutter. Eventuell irgendwann auch wieder eine eigene Partnerin.

Mit Fritzis Mutter bin ich während der Schwangerschaft zu fast allen Terminen bei ihrer Frauenärztin mitgegangen. Während der Untersuchungen habe ich gespannt auf das Ultraschallbild gestarrt und versucht, etwas zu erkennen. Danach konnten wir uns darüber austauschen, welche Körperteile wir gesehen und erkannt haben. Oder von denen wir zumindest dachten, dass wir sie gesehen und erkannt haben. Wir konnten uns auch darüber austauschen, was die Frauenärztin gesagt hat und was sie damit gemeint haben könnte. Sie war eher wortkarg und hielt sich nicht lange mit Erklärungen auf. Somit gab es viel Stoff für Diskussionen darüber, wie ihre Aussagen zu interpretieren waren. Ich habe mich immer auf die Termine gefreut.

Dieses Mal bin ich bei den ganzen Terminen nicht dabei. Umso mehr freue ich mich auf die Feindiagnostik in der 20. Schwangerschaftswoche. Marie ist einverstanden, dass ich mitkomme. Vor allem zu Beginn der Schwangerschaft untersucht die Frauenärztin die Gebärmutter vaginal. Ich kann gut verstehen, dass Marie mich da nicht dabei haben möchte. Bei der Feindiagnostik erfolgt die Ultraschalluntersuchung durch die Bauchdecke. Wir verabreden uns vor der Praxis in der Friedrichstraße. Die Untersuchung findet nicht bei Maries regulärer Frauenärztin statt, sondern in einer darauf spezialisierten Praxis. Auch Cora ist mit dabei. Wir sind sicherlich nicht die ersten, die zu dritt zum Untersuchungstermin auftauchen. Als wir im Wartezimmer sitzen, sprechen wir dennoch darüber, was das Personal wohl über uns denkt.

Bei dem Termin geht es aus ärztlicher Perspektive unter anderem darum, eine Behinderung auszuschließen. Mittlerweile wird die feindiagnostische Untersuchung fast flächendeckend durchgeführt. Immer mal wieder wird darüber diskutiert, inwieweit die immer spezielleren medizinischen Untersuchungen den Druck auf Frauen erhöhen, sich bei einer wahrscheinlichen Behinderung für eine Abtreibung zu entscheiden. Frauen müssen die Möglichkeit haben, sich für eine Abtreibung zu entscheiden. Sie dürfen jedoch andererseits nicht für die Gesundheit ihrer Kinder verantwortlich gemacht werden, wenn sie sich bei einer solchen Diagnose gegen einen Schwangerschaftsabbruch entscheiden. Und wer eine solche Entscheidung gar nicht treffen möchte, muss auch weiterhin die Möglichkeit haben, die Untersuchung gar nicht durchführen zu lassen.

Ich beschäftige mich möglichst wenig mit dem Thema. Ich bin nicht hier, weil ich eine Behinderung ausschließen will. Für mich hat der Termin in unserer Konstellation eine andere Bedeutung: Ich bin dabei. Ich bekomme im Alltag bisher wenig davon mit, dass ich bald ein zweites Mal Vater werde. Heute wird es für mich ein Stück konkreter und greifbarer.

Im Behandlungszimmer legt sich Marie auf die Liege, Cora und ich sitzen daneben. Wir schauen zusammen auf den großen Flachbildfernseher an der Wand, auf den die Ultraschallbilder übertragen werden. Die Ärztin untersucht jeden Körperteil, jeden Zeh, jeden Finger, jedes Organ, jedes größere Blutgefäß. Wird ein Mensch im Laufe seines Lebens jemals wieder so umfassend durchleuchtet wie im Rahmen dieser Untersuchung? Zumindest wohl nicht mehr im Rahmen einer einzelnen Untersuchung. »Wollen Sie das Geschlecht wissen?«, fragt uns die Ärztin. Wir erzählen, dass es beim letzten Termin schon zu sehen gewesen sei und wir deshalb schon eine Ahnung hätten. Die Ärztin bestätigt diesen Eindruck.

Von Fritzi bekamen wir 3D-Bilder, die sogar eine gewisse Ähnlichkeit mit dem Kind aufwiesen, das ein paar Monate später vor uns lag. Jetzt liegt das Kind ungünstig. Und es hat eine Hand vor dem Gesicht. Die Ärztin versucht das Kind etwas anzustoßen, so dass es die Hand von selbst wegbewegt. Das funktioniert jedoch nicht wie gewollt. Die Feindiagnostik dient scheinbar nicht nur dazu zu untersuchen, ob mit dem Kind alles in Ordnung ist, sondern auch dazu, den werdenden Eltern ein möglichst gut gelungenes 3D-Foto mit nach Hause zu geben. Schließlich versucht die Ärztin, die Hand irgendwie aus dem Bild zu schneiden. Doch auch das gelingt nicht. Wir sind nicht sonderlich enttäuscht darüber.

Nach der Untersuchung suchen wir ein Café in der Nähe der Praxis und trinken dort zu dritt Limo und Tee und besprechen die nächsten Schritte. Demnächst können wir uns Gedanken darüber machen, was wir alles noch besorgen müssen. Die werdenden Großeltern fragen schon, was sie uns schenken können/sollen/dürfen. Außerdem gleichen wir ab, wie es uns gerade geht und was unsere aktuellen Gedanken zu dem gemeinsamen Familienprojekt sind.

Wer lebt mit wem?

Ich fahre mit Fritzi zum Wer-lebt-mit-wem-Camp. In der Nähe von Kassel treffen sich knapp 100 Erwachsene und Kinder, um sich darüber auszutauschen, wie, warum und mit wem sie zusammenleben. Mit vollem Rucksack und Zelt setze ich mich morgens mit Fritzi in den Zug. In Kassel essen wir Mittag. Mit dem Bus an den Rand des Kaufunger Walds, noch ein Stück zu Fuß, dann sind wir da. Es gibt ein paar Häuser mit Seminarräumen, große Zelte und eine Küche im Freien. Wir bauen unser kleines Zelt auf. Bisher habe ich beim Zelten mit ihr eher schlechte Erfahrungen gemacht. Mittlerweile ist sie aber etwas älter als bei unserem letzten Versuch und ich bin guter Hoffnung.

Es gibt kein festes Programm. An den Vormittagen gibt es eine Kinderbetreuung. Ansonsten organisieren sich die

Angereisten selbst ihre Workshops zu den Themen, über die sie sich mit den anderen austauschen wollen. Ich bin etwas damit überfordert, alleine mit Fritzi dort zu sein, ihre Bedürfnisse im Blick zu behalten und mich auch noch inhaltlich mit den anderen zu beschäftigen.

Wie bei jeder guten Tagung ergeben sich auch bei diesem Camp die wichtigsten Begegnungen in den Pausen und finden die spannendsten Diskussionen außerhalb der Workshops, beispielsweise beim Essen, statt. Ich bin unglaublich beeindruckt, dass hier so viele Menschen zusammenkommen, die mit ihrer Lebenskonstellation alle nicht in das Mama-Papa-Kind-Schema passen. Ich freue mich über viele tolle Gespräche und spannende Begegnungen. Alle bringen ihre individuellen Geschichten mit und es herrscht eine sehr offene Atmosphäre der gegenseitigen Anerkennung. Wenn ich erzähle, auf welche Art und Weise ich ein zweites Kind bekomme, werde ich hier nicht komisch angeschaut. Ich muss nicht erklären, wie ich auf die absurde Idee komme, ein Kind außerhalb einer Paarbeziehung bekommen zu wollen. Stattdessen begegne ich Menschen, die bereits Erfahrungen in ähnlichen Konstellationen gemacht haben.

Das Wetter ist leider nicht so gut. Es regnet immer wieder. Uns wird dennoch nicht langweilig und die Tage vergehen in rasender Geschwindigkeit. Wir treffen alleinerziehende Mütter und Väter. Wir treffen Patchworkfamilien. Wir treffen lesbische Mütter. Wir treffen Trans-Eltern. Wir treffen Eltern, die in Wohngemeinschaften und Hausprojekten leben. Und Menschen, die keine »eigenen« Kinder haben, aber in Wohngemeinschaften, Hausprojekten oder als Patinnen oder Paten Verantwortung für Kinder übernehmen. Ich freue mich sehr, dass ich die Möglichkeit habe, diese ganzen Menschen zusammen mit Fritzi zu treffen. Denn ich treffe die ganzen Familien, die in diesem Buch vorkommen, nicht nur zu Recherchezwecken. Es ist schön, gemeinsam mit Fritzi unterwegs zu sein und so viel von anderen lernen zu können.

Es gibt auch eine Austauschrunde zur Co-Elternschaft. Wir sind zu sechst. Ich bin noch ganz am Anfang, Erfahrungen zu sammeln. Die anderen stecken mitten im Alltag. Einige berichten vom Scheitern und Auseinanderbrechen ihrer Co-Eltern-Familien. Nach kurzer Zeit kommen Kinder vorbei, erfordern Aufmerksamkeit und die Gruppe geht wieder auseinander. Wir tauschen unsere Mailadressen aus und wollen in Kontakt bleiben. Bevor ich mich mit Fritzi am letzten Tag wieder auf den Weg nach Berlin mache, verabrede ich mich mit Jana zu einem Treffen in Berlin, um uns etwas ausführlicher auszutauschen.

Treffen mit einer anderen Co-Eltern-Familie

Wir treffen uns mit Jana und Linus bei einem Straßenfest. Linus war nicht mit beim Wer-lebt-mit-wem-Camp. Er ist ein Jahr älter als Fritzi, gerade in die Schule gekommen, und wir denken, dass Fritzi und er sich gut verstehen könnten. Es ist zu viel los und die beiden beschäftigen sich mit vielem anderen, jedoch nicht miteinander. Jana und ich erzählen uns von unseren Familien. Jana teilt sich die Verantwortung für Linus mit Erika und Daniel. Mit Daniel hatte sie eine eher unklare Beziehung und wurde überraschend schwanger. Sie studierte und wohnte zu der Zeit in einem Hausprojekt irgendwo in einer Unistadt in Westdeutschland. In einer Phase ihres Lebens, in der sie an kollektives Leben als Alternative zu vereinzelten Lebensentwürfen glaubte, war es für sie naheliegend, auch die Elternschaft nicht alleine zu gestalten. Jana fragte in ihrem Haus herum und einige Freundinnen signalisierten schnell Unterstützung. Hilfe anzubieten und bereit zu sein, auch mal auf ein Kind aufzupassen, ist das eine. Verantwortung zu übernehmen und eine verbindliche Bezugsperson für ein Kind zu werden, etwas anderes. Jana begab sich nicht auf die Suche nach einem Babysitter, sondern nach einem zusätzlichen Elternteil. Nach einer Person, die nicht nach Ende des Studiums in eine andere Stadt zieht und dann weg ist, sondern nach einer Person, die fest eingebunden und verantwortlich ist, das Kind gemeinsam mit ihr groß zu bekommen.

Erika war in diesem Moment da, begleitete Jana von Beginn an beispielsweise zu den Terminen bei der Frauenärztin, und ist nun seit mittlerweile sechs Jahren Co-Mutter von Linus. Die unklare Beziehung mit Daniel wurde zu einer Freundschaft und gemeinsamen Elternschaft. Zu dritt entschlossen sie sich dann vor zwei Jahren, nach Berlin zu gehen. Jana erzählt, dass sie schon von vielen Co-Eltern-Familien gehört habe, viele im Laufe der Zeit dann aber wieder auseinandergebrochen seien. Umso schöner, dass es bei ihnen nun schon so lange funktioniert.

Erika, Linus und Jana wohnen auch in Berlin in einem Hausprojekt. Daniel hat eine eigene Wohnung in der Nähe. Einmal in der Woche treffen sich die drei zum Familienplenum. Es wird besprochen, wer an welchem Tag für Linus zuständig ist, was es zu erledigen oder zu beachten gibt. Mittlerweile haben Jana und Daniel das geteilte Sorgerecht. Erika hat offiziell keine Rechte und es ist auch nicht möglich für sie, einen rechtssicheren Status zu finden. Im Alltag ist das meistens kein Problem. In der Schule wissen alle Bescheid und es ist eine Vollmacht für Erika hinterlegt, wie es schon in der Kita der Fall war. Problematisch ist jedoch, dass Erikas Elternschaft nicht in Hinblick auf steuerliche Vergünstigungen, Rentenansprüche, das Recht auf Krankschreibungen in der Arbeit sowie Entscheidungsbefugnisse und Besuchsrechte im Notfall anerkannt ist.

Uneinigkeiten werden im Familienplenum diskutiert. Es gibt viel Redebedarf, aber alle drei sind durch ihre Wohnverhältnisse und andere Gruppen darin geübt, Probleme ausführlich und konstruktiv zu diskutieren und zu klären. Wichtig wäre es eigentlich, mal darüber zu sprechen, was passiert, wenn einer der Elternteile stirbt, und sich anschließend gegenseitig abzusichern, erzählt Jana. Bisher haben sie sich noch nicht darüber informiert, inwieweit Erbsachen und die Vormundschaft für Linus im Falle des Todes von Jana und/oder Daniel geregelt werden könnten.

Zu dritt zu sein hat viele Vorteile. Alle drei Elternteile haben Zeiten ohne Kind, haben die Möglichkeit, sich um andere Dinge zu kümmern und andere Projekte zu verfolgen. Im Idealfall unterstützen sie sich gegenseitig, besprechen Entscheidungen gemeinsam und verteilen anstehende Aufgaben möglichst gerecht. Wenn eine Person gerade viel Stress oder beispielweise Beziehungsprobleme hat, sind aber auch alle durch die gemeinsame Verantwortung mitbetroffen. Meistens werden diese Themen direkt angesprochen, weil ein Elternteil gerade weniger für Linus da sein kann oder sich Gedanken macht, wie sich die Situation auf ihn auswirkt. Manchmal kann es ganz schön nerven, erzählt Jana, so abhängig von Entscheidungen und Lebenssituationen der anderen zu sein.

Irgendwann mache ich mich mit Fritzi wieder auf den Weg nach Hause. Am Ende unseres Gesprächs sagt Jana, sie muss mit den anderen klären, ob ich über ihre Familie schreiben darf. Ich stelle mich darauf ein, dass es etwas dauern kann, bis die drei das besprochen haben. Schon nach wenigen Tagen schreibt mir Jana, dass es in Ordnung ist, und auch, welche intimen Details besser unerwähnt bleiben. Obwohl es mit drei Personen ein etwas größerer Aufwand ist, Dinge abzusprechen: Es scheint zu funktionieren.

Drei Eltern oder Die Vaterschaftsanerkennung

Zu dritt treffen wir uns mit einer Fotografin, die Co-Eltern-Familien fotografieren möchte. Wir erzählen ihr von unserem Konzept. Es ist spannend mitzuerleben, wie wir vor anderen Personen jeweils über unsere Familie sprechen. Manchmal erzähle ich von einem Kind mit einer Freundin, die nicht meine Partnerin ist. Manchmal erzähle ich von einem Kind mit einem lesbischen Paar. Dann denken immer alle, ich wäre der Samenspender, und ich muss hinzufügen, dass ich mehr als das sein werde. Oft sage ich, dass Marie etwas karriereorientierter ist als ich. Und dass ich bereitstehe, um das Kind zu übernehmen. Zur Hälfte. Wenn nötig gerne auch mehr. Marie erzählt, dass sie nach der Geburt erst einmal ein paar Monate zu Hause bleiben möchte. Sie möchte versuchen zu stillen. Je nachdem, wie es ihr geht, möchte sie nach vier oder fünf Monaten wieder anfangen zu arbeiten. Cora erzählt, dass sie ihre Rolle noch finden muss. Sie möchte Verantwortung übernehmen und ein Teil dieser Familie sein, auch ohne rechtlichen Elternstatus.

Wir alle drei sehen unsere Zukunft in den nächsten Jahren nicht mit Kind alleine zu Hause. Wir alle haben über die Familie hinausgehende Ideen und Projekte. Wir freuen uns auf das Kind. Niemand von uns möchte bloß die Rolle eines Wochenendelternteils. Aber wir sind alle froh, wenn neben der Familie auch noch Zeit für anderes bleibt. Gerade im ersten Jahr ist ein Kind so anstrengend, dass es nicht schaden kann, zu dritt zu sein, sich zu dritt verantwortlich zu fühlen. Wir sind fest davon überzeugt, dass für alle trotzdem genügend Anstrengungen und durchwachte Nächte übrig bleiben.

Da Marie und ich nicht verheiratet sind, muss ich meine Vaterschaft vor einer Urkundsperson im Jugendamt anerkennen. Und Marie muss dieser Anerkennung zustimmen. Ich rufe beim Jugendamt an und mache einen Termin aus. Er brauche die Anschrift von mir und meiner Partnerin, sagt mir der Herr am Telefon. Außerdem solle ich Kopien unserer Personalausweise ans Jugendamt schicken. Dann könnten die Urkunden schon vorbereitet werden. Wir wollen beim Jugendamt dann nicht nur die Vaterschaft anerkennen lassen, sondern auch gleich erklären, dass wir das Sorgerecht gemeinsam ausüben möchten. Ich sage dem Herrn am Telefon nicht, dass die Mutter nicht meine Partnerin ist, sondern schicke ihm brav alles wie gefordert zu.

Ich treffe mich mit Marie vor dem Jugendamt.

»Und, bist du aufgeregt?«, frage ich sie zur Begrüßung.

»Nö, warum?«, antwortet sie mir.

»Ich bin aufgeregt«, sage ich ihr. Obwohl ja eigentlich nichts passiert. Und obwohl ich das Ganze ja schon einmal mitgemacht habe.

Marie bekommt wesentlich mehr davon mit, dass wir demnächst Eltern werden. Ihr Körper ist schon seit ein paar Monaten mit dieser Entwicklung beschäftigt. Ich habe bisher nur wenige einzelne Termine, an denen mir das so konkret bewusst wird. Die Feindiagnostik vor ein paar Tagen war ein solcher Termin. Und heute die Vaterschaftsanerkennung ist auch einer. Deshalb bin ich aufgeregt. Den Zettel, auf dem ich mir aufgeschrieben habe, in welchen Raum wir müssen, habe ich vergessen. Wir machen uns gemeinsam auf die Suche. Wir fragen beim Pförtner. Er schickt uns in den achten Stock. Dort gibt es zwar unzählige Türen, die zu vielen Zimmern führen, in denen es um Elterngeld, Unterhaltsvorschuss und Vaterschaftsanerkennungen geht, trotzdem finden wir recht schnell den für uns zuständigen Mitarbeiter.

Er erklärt uns die Rechtsfolgen der Vaterschaftsanerkennung sowie der Erklärung zum gemeinsamen Sorgerecht. Wir unterschreiben. Fertig. Wieder stellen wir uns die Frage, ob wir erkannt werden. Ich schaue Marie nicht zwischendurch verliebt in die Augen. Andererseits tun das andere Männer in dieser Situation vermutlich auch nicht zwangsläufig. Rechtlich ist unsere Familienkonstellation einfach, und es ist letztlich völlig egal, ob sich der Jugendamtsmitarbeiter Gedanken darüber macht, ob wir ein Paar sind und aus welchem Grund wir nicht zusammen wohnen. Ich werde der Vater des Kindes. Marie wird die Mutter.

Marie und Cora sind inzwischen umgezogen. Sie wohnen nun zusammen. Und richten sich zusammen ein. Cora ist wesentlich mehr involviert als anfangs gedacht und geplant. Ihre Partnerin ist schwanger und wahrscheinlich hätten wir uns vorher auch denken können, dass das nicht spurlos an Cora und ihrer gemeinsamen Beziehung vorübergeht. Wir sprechen darüber, dass wir möglichst viel zu dritt aushandeln wollen. Und wir wollen versuchen, uns zu dritt auf einen Namen zu einigen.

»Wirst du bei der Geburt dabei sein?«, werde ich häufig gefragt. Ich habe bereits eine Geburt miterlebt. Fritzis

Geburt war eine Grenzerfahrung. Besonders für ihre Mutter. Aber auch für mich. Und für unsere Beziehung. Ich biete Marie an, dabei zu sein. Ich würde versuchen, sie so gut es geht zu unterstützen. Ich kann aber auch sehr gut verstehen, dass sie dieses Erlebnis nicht mit mir teilen, sondern lieber ihre Partnerin dabeihaben möchte. Und ich bin auch etwas froh, es nicht ganz hautnah mitzuerleben. Ich werde ins Krankenhaus fahren und im Flur warten, bis die drei soweit sind, mich hinzukommen zu lassen.

Es ist uns klar, dass Marie und Cora nicht etwas zu zweit besprechen und mich dann überstimmen dürfen, nur weil sie in der Mehrzahl sind. Warum aber soll Cora nicht auch Elternteil sein können? Sie wird bei der Geburt dabei sein, während ich auf dem Flur sitze. Mein Beitrag zu diesem Kind liegt im Milligrammbereich und trotzdem werde ich wie selbstverständlich auf der Geburtsurkunde auftauchen. Cora hingegen taucht nirgendwo auf.

* * *

Ich schreibe den familienpolitischen Sprecherinnen und Sprechern aller Fraktionen im Bundestag. Ich frage sie, wie sie und ihre Parteien dazu stehen, mehr als zwei Elternteile zuzulassen und ihnen gemeinsam die Möglichkeit zu geben, Verantwortung für ein Kind zu übernehmen. Ich bekomme zwar Antworten. Jedoch keine wirklich konkreten auf meine Frage. Ein Sprecher einer der größeren Fraktionen schreibt mir, er könne die Frage nur bedingt nachvollziehen. Der Sprecher der zweiten großen Fraktion schreibt, seine Partei möchte es den Familien überlassen, wie sie ihr Familienleben gestalten. Leider ist aber genau das nicht der Fall. Der Staat überlässt es eben nicht den Familien, ihr Leben so zu gestalten, wie sie es möchten, sondern er gibt klare Regelungen vor: Nur zwei Personen dürfen Eltern eines Kindes sein. Nur zwei Eltern dürfen das Sorgerecht für ein Kind ausüben. Wer in Familien lebt, die hierzu passen, wird die Regelung nicht als Einschränkung wahrnehmen. Es ist wohl noch ein weiter Weg, bevor in der Politik überhaupt die Relevanz dieser Frage verstanden wird.

Endlich: Der Geburtstermin

Fritzi ist das tollste Kind der Welt. Es ist noch nicht allzu lange her, da war sie nur ein kleiner Zellhaufen. Und etwas später ein manchmal mehr und manchmal weniger schreiendes Baby. Ich bin sehr glücklich mit meiner Rolle gegenüber Fritzi. Ich bin sehr glücklich mit meiner Beziehung zu Fritzi. Ich bin froh, von Anfang an so viel Zeit mit ihr verbracht zu haben. Ich war bei der Geburt dabei. Ich habe in den ersten Lebenstagen und -nächten aufgeregt neben ihr gelegen und sie angestarrt. Ich habe ihr erstes Lächeln gesehen. Ich bin unzählige Male nachts aufgestanden, um ihr eine Milchflasche anzurühren. Ich habe erlebt, wie sie ihre ersten Schritte gegangen ist. Ich habe sie im Kindergarten eingewöhnt. Noch vor ihrem ersten Geburtstag bin ich mit ihr alleine in den Urlaub geflogen. Ich habe ihre Bettwäsche gewechselt, wenn sie sie nachts vollgekotzt hat. Ich habe mir Sorgen gemacht, wenn es ihr nicht gut ging. Ich war dabei, als sie zum ersten Mal auf die Toilette gegangen ist. Ich habe sie getröstet, wenn sie nachts von Albträumen aufgewacht ist. Ich habe mit ihr langweilige Wintertage zu Hause verbracht und viele, viele Sommertage auf dem Spielplatz. Das Ganze war in den letzten Jahren überhaupt nicht immer einfach. Es gab Situationen, in denen ich heulend auf dem Fußboden saß, überfordert war und darüber nachgedacht habe, warum ich mir das überhaupt eingebrockt habe. Ich war oft unausgeschlafen. Ich habe so viel mit Fritzi erlebt, dass ich Bücher darüber schreiben könnte. Oder besser: Dass ich mittlerweile mein zweites Buch darüber schreibe.

Vielleicht sind die Leute in meinem Umfeld auch nur sehr höflich und trauen sich nicht, mir zu sagen, was sie wirklich über Fritzi und mich denken. Vielleicht ist mein Verstand durch meine Mutterliebe auch so benebelt, dass ich nur höre, was ich hören will. Den Rückmeldungen, die ich bekomme, entnehme ich aber zumindest, dass ich in den letzten Jahren nicht alles falsch gemacht habe. Bei Gesprächen in der Kita sagen mir die Erzieherinnen, dass sie sich freuen, dass ein fröhliches und interessiertes Kind wie Fritzi zur Gruppe gehört. Freundinnen und Freunde von mir sind regelmäßig begeistert von Fritzis Mut und ihrer Offenheit. Trotz unseres ungewöhnlichen Modells, der Trennung ihrer Eltern und obwohl sie in ihrem Leben so viel Zeit mit mir verbringen musste, scheint aus Fritzi ein bisher ganz umgänglicher Mensch geworden zu sein. Genauer gesagt: das tollste Kind der Welt.

Kann ein zweites Kind überhaupt annähernd so cool werden? Werde ich das zweite Kind genauso lieben können wie das erste? Zwischendurch bin ich deshalb wirklich etwas verunsichert. Die Antwort auf diese Fragen steht wahrscheinlich jedoch ganz einfach in den vorangegangenen Absätzen. Die Liebe für ein Kind ist nicht einfach automatisch da. Sie entwickelt sich. Ich kenne Fritzi seit mittlerweile fünfeinhalb Jahren. Wir haben so viel Zeit miteinander verbracht, so viel miteinander erlebt und durchgestanden. Natürlich liebe ich Fritzi mehr, als ich mir das für ein zunächst völlig fremdes Baby vorstellen kann.

Das zweite Kind rückt immer näher. Wenn es jetzt auf die Welt kommen würde, stünden die Chancen schon nicht mehr so schlecht, dass es überlebt. Ich kann mich langsam darauf einstellen, dass es dieses Kind wirklich demnächst geben wird. Schon bei Fritzi fand ich es während der Schwangerschaft schwierig, mir vorzustellen, wie es mit dem Kind sein würde. Jetzt kommt mein zweites Kind und ich habe mit Fritzi schon einmal erlebt, wie es ist, wenn da plötzlich ein zusätzlicher Mensch in meinem Leben auftaucht. Dafür bekomme ich dieses Mal wesentlich weniger mit und meine Vorstellung von diesem zweiten Kind ist noch sehr abstrakt.

»Wann fahren wir mal wieder in Urlaub?«, fragt mich Fritzi. »Ich will wieder nach Israel fliegen. Und nach Spanien.«

»Das geht gerade leider nicht. Wir warten doch auf dein Geschwisterkind. Wäre doch doof, wenn wir gerade im Urlaub sind, wenn es auf die Welt kommt, oder?«

Für Fritzi passiert einiges innerhalb des nächsten Jahres. Sie bekommt ein Geschwisterkind. Mit ihrer Mutter wird sie umziehen. Und im nächsten Sommer kommt sie in die Schule. Das ist ganz schön viel für einen Menschen und ich bin sehr gespannt, wie sie das alles verarbeiten wird. Ich spreche viel mit ihr über diese ganzen Themen. Wir sehen Marie nicht so oft. Fritzi noch etwas seltener als ich. Ich spreche viel mit ihr über ihr Geschwisterkind. Ich möchte sie so gut wie möglich einbinden. Ich möchte, dass sie das Gefühl bekommt, Teil dieser Familie zu sein, und dass nichts ohne sie passiert. Sie hilft mir beim Aufbauen des Babybetts. Sie fragt mich, was sie dann alles mit ihrem Geschwisterkind machen kann. Sie kann ihr Geschwisterkind füttern, sie kann es trösten, sie kann es tragen. Sie kann mit ihrem Geschwisterkind spielen. Sie kann auf ihr Geschwisterkind aufpassen. Sie kann zusammen mit ihrem Geschwisterkind ihre Eltern kitzeln oder ärgern. Wir überlegen uns viele schöne Dinge, die die beiden zusammen machen können.

Der errechnete Geburtstermin liegt kurz vor Weihnachten. Beim Ausrechnen der fruchtbaren Tage haben wir vergessen, gleich mitzuplanen, welches der errechnete Geburtstermin werden würde. Vielleicht hätten wir einen Monat aussetzen sollen. »Euer Kind wird euch dafür hassen«, höre ich nicht nur einmal. Am Tag des errechneten Geburtstermins kann ich Fritzi morgens kaum in der Kita lassen. Sie ist völlig aufgeregt. Obwohl ich ihr immer wieder sage, dass Kinder nicht immer am errechneten Termin geboren werden, geht sie fest davon aus, dass heute ihre Schwester auf die Welt kommt. Ist ja auch nicht so einfach zu verstehen, warum alle immer vom Geburtstermin reden und es dann doch nicht passiert an diesem Tag.

Marc, den ich an einem Abend in einer Bar treffe, erzählt mir von einer Freundin. Sie hat gerade mit ihrem Mann ihr drittes Kind bekommen und sagt seitdem, dass ihre Familie besonders schön ist, da nun die Kinder in der Überzahl sind. »Bei dir sind die Kinder ja schon mit dem zweiten Kind in der Überzahl«, ergänzt er.

Lynn ist da – Zeit für ein Resümee

In den letzten Tagen vor der Geburt wird noch einmal besonders klar, dass wir uns zu dritt auf dieses Kind freuen. Wir werden zu dritt Eltern. Ich habe keine Ahnung, ob das für immer so bleiben wird. Vieles wird sich in der Praxis zeigen. Rechtlich sind wir zwei Eltern. Für das Kind wird es schön sein zu wissen, dass da noch eine weitere Person ist, die sich zuständig fühlt. Die auch eine Elternrolle einnimmt. Für uns wird das eine Herausforderung. Werden wir es schaffen, uns gegenseitig zu entlasten? Oder werden wir uns schnell auf die Nerven gehen? Wie entwickelt sich die Beziehung zwischen Marie und Cora? Und was passiert mit Coras Elternrolle, falls sich die beiden trennen? Ich bin unsicher: Wird das alles so klappen, wie wir uns das vorgestellt haben? Wird das alles so klappen, wie ich mir das vorgestellt habe? Es bleibt dabei: Nicht alles wird vorherzusehen sein. Es bleibt in jedem Fall spannend.

Mit der Geburt wird sich nochmal einiges ändern. Es kommen neue Aufgaben und neue Gefühle hinzu. Die körperliche wie psychische Belastung steigt. Die Zeit für Absprachen wird weniger. Ich habe viele Gedanken und Szenarien im Kopf. Was passiert, wenn sich Marie und Cora in ihrer Kleinfamilie so wohl fühlen und ich eher als Störung der Familienidylle wahrgenommen werde denn als Entlastung? Was passiert, wenn die beiden durch die ersten Monate, in denen Marie stillen möchte, einen Beziehungsvorsprung zum Kind aufbauen können und ich diesen nie wieder aufholen kann? Schaffe ich es, in diesen ersten Monaten auch eine Beziehung zu dem Kind aufzubauen? Wird das Kind problemlos zu mir mitkommen und gerne bei mir sein?

Nach dem errechneten Geburtstermin warten wir noch vier Tage bis zum tatsächlichen.

Und dann liegt Lynn vor uns. Zwischen uns. Bei uns. Ich bin überwältigt. Vor etwas mehr als zwei Jahren hatte ich zum ersten Mal diese vage Idee. Mit der Zeit nahm sie immer mehr Gestalt an. Und jetzt liegt hier dieser Mensch.

Meine Familie enthält nun Aspekte der meisten der hier vorgestellten Konstellationen. Meine Familie ist der beste Beweis dafür, dass es sich nicht um abgeschlossene und voneinander getrennte Gruppen handelt. Fritzi kommt aus einer Mama-Papa-Kind-Kleinfamilie. Manche würden Fritzis Mutter und mich auch schon als Co-Eltern bezeichnen, weil wir uns nach unserer Trennung ohne Paarbeziehung um ein Kind kümmern. An dem freundschaftlichen Verhältnis arbeiten wir noch. Ich bin ein Single-Dad. Zusammen mit meinen beiden Kindern bilde ich eine Ein-Eltern-Familie. Wir sind eine Patchworkfamilie, in der nicht alle Kinder dieselben Eltern haben. Spätestens mit Lynns Geburt sind wir eine Co-Eltern-Familie und mit dem lesbischen Mutterpaar auch eine Regenbogenfamilie. Und zu unserer Familie gehören darüber hinaus noch viele weitere Personen, die gar nicht oder nur ganz am Rande angesprochen wurden: Freundinnen und Freunde, Eltern, weitere Verwandte und Großeltern. Zu unserem Familienmodell gehört auch unsere Wohnsituation. Dazu gehören unsere Jobs, unsere individuellen Interessen, wie wir lieben und unsere Art des Umgangs miteinander. Dazu gehören noch viele weitere Aspekte. All das macht uns zu der Familie, die wir sind.

Alle Geschichten über die Familien in diesem Buch sind nur verkürzt wiedergegeben. Sie sind nicht auserzählt. Die Familien, die hier vorkommen, sind in Wahrheit viel komplexer und vielschichtiger. Außerdem ist hier nur mein Blick auf die Familien beschrieben. Es geht also nicht darum, feststehende Aussagen zu treffen, wie Menschen heute miteinander leben. Es geht nicht darum, eindeutige Modelle zu präsentieren, nach denen sich die Politik nun mit Maßnahmenkatalogen zu richten hat. Vielmehr will ich vor allem dazu motivieren, sich auf die Familien im eigenen Umfeld offen einzulassen. Es kann wunderbar bereichernd sein, mit offenen Augen durch die Welt zu gehen und sich die Familienmodelle und -konstellationen um einen herum vorurteilsfrei und interessiert anzuschauen. Bei den hier beschriebenen Familien handelt es sich nur um einen Ausschnitt vieler Möglichkeiten, das eigene Leben zu gestalten. Die Geschichte dreht sich weiter. Es werden immer neue Formen hinzukommen. Menschen kommen auf immer neue Ideen, entwickeln vorhandene Konzepte weiter, lernen voneinander und suchen ihren eigenen Weg.

Die Politik sollte sich nach den Menschen richten und nicht umgekehrt. Die Dynamik und die Veränderungen der letzten Jahre müssen sich in den politischen Debatten widerspiegeln. Ich möchte mit meiner Familie wahrgenommen werden und mich einmischen. Wir müssen zusammen darüber diskutieren, wie unterschiedliche Familien am besten unterstützt werden können. Wir müssen möglichst vielen Menschen aus unterschiedlichen Familien die Möglichkeit geben, sich in die Debatte einzubringen, die eigenen Bedürfnisse zu äußern und sich an Entscheidungsprozessen zu beteiligen. Es kann nicht sein, dass sich die Politik nach einem Ideal richtet, das es in Reinform wahrscheinlich nie gegeben hat. Wir müssen begreifen, dass Familie kein statisches System ist, sondern sich immer weiterentwickelt. Es müssen immer wieder neue Lösungen gefunden werden.

Ich möchte ein glückliches Leben führen. Und ich möchte, dass die Menschen um mich herum, allen voran meine beiden Kinder, ein glückliches Leben führen. Ich möchte, dass sie ihren eigenen Weg gehen, um glücklich zu sein. Ich möchte meine beiden Kinder so gut ich kann darin unterstützen. Vielleicht sitzen wir in fünf Jahren beim Bundesverfassungsgericht und versuchen zu dritt das Sorgerecht für Lynn zu erstreiten. Vielleicht kommt auch alles ganz anders. Ich möchte offen bleiben, mir neue Gedanken machen oder mich korrigieren und meinen Plan für meine Familie überarbeiten, wenn ich es für angebracht halte oder ich mich geirrt habe. Ich möchte mich immer weiter mit anderen Familien austauschen und immer weiter lernen.

* * *

In den ersten Wochen fahre ich täglich zu Lynn. Ich möchte sie kennenlernen. Sie soll mich kennenlernen. Ich möchte eine Bindung zu ihr aufbauen. Ich möchte, dass sie sich von Beginn an bei mir wohl und geborgen fühlt. Ich sehe Lynn zwei bis drei Stunden pro Tag. Meistens ist Fritzi mit dabei. Es hilft mir, dass ich alles schon einmal gemacht habe. Ich wechsele nicht zum ersten Mal eine Windel bei einem winzigen Baby. Fritzi freut sich riesig über ihre kleine Schwester. Und ich habe den Eindruck, dass sich Lynn über ihre große Schwester freut. Wir schaffen es alle ruhig zu bleiben, als die Fünfeinhalbjährige das wenige Tage alte Baby durch die Wohnung trägt. Ich bin zuversichtlich, dass Lynn gerne zu uns kommen wird. Wenn nicht wegen mir, dann wegen ihrer Schwester.

Marie und Cora freuen sich über die zwei bis drei Stunden am Tag, an denen sie sich mit anderen Dingen beschäftigen können. Sie gehen im Café um die Ecke einen Kaffee trinken, während Fritzi und ich bei Lynn bleiben und anrufen, wenn sie Hunger hat. Als Lynn zwei Wochen alt ist, bekommt sie testweise zum ersten Mal etwas abgepumpte Milch von mir aus der Flasche. Als Lynn etwa einen Monat alt ist, schläft sie zum ersten Mal bei Fritzi und mir.

Wir schlafen zu dritt in meinem großen Bett. Rechts und links von mir liegt ein Kind. Ich liege wach in der Mitte und kann mein Glück kaum fassen.

Anmerkungen

1 Herunterzuladen unter: http://www.kas.de/wf/de/33.38060/ (zuletzt abgerufen am 7.5.2015).

2 Online unter: http://www.fk12.tu-dortmund.de/cms/ISO/de/Lehr-und -Forschungsbereiche/soziologie_der_geschlechterverhaeltnisse/Medienpool/AIM_2013_Tagung/Scholz_Vaeterratgeber.pdf (zuletzt abgerufen am 5.6.2015).

3 Cornelia Behnke: Partnerschaftliche Arrangements und väterliche Praxis in Ost- und Westdeutschland: Paare erzählen, Leverkusen 2012.

4 Online unter: http://www.fk12.tu-dortmund.de/cms/ISO/de/soziologie /soziologie_der_geschlechterverhaeltnisse/Medienpool/AIM_2013_Tagung/Koppetsch_Speck_Sexualitaet_in_heterosexuellen_Paarbeziehungen.pdf (zuletzt abgerufen am 7.5.2015).

5 Senatsverwaltung für Arbeit, Integration und Frauen (Hrsg.): Bekämpfung von häuslicher Gewalt in Berlin. Fortschreibung Datenerhebung und Statistik 2013.

6 Online unter: http://fra.europa.eu/en/publications-and-resources/ data- and-maps/violence-against-women-survey (zuletzt abgerufen am 7.5.2015).

7 Siehe dazu: http://www.bmfsfj.de/BMFSFJ/gleichstellung,did=73010. html (zuletzt abgerufen am 7.5.2015).

8 http://www.bib-demografie.de/DE/Aktuelles/Grafik_des_Monats/ Archiv/2011/2011_12_vaeter_arbeiten_laenger.html (zuletzt abgerufen am 7.5.2015).

9 www.destatis.de – Wenn nicht anders vermerkt, stammen im Folgenden genannte Daten aus den Erhebungen des Statistischen Bundesamtes.

10 Bundesministerium für Familie, Senioren, Frauen und Jugend: Unterhaltszahlungen für minderjährige Kinder in Deutschland, Stuttgart 2001: http://www.bmfsfj.de/RedaktionBMFSFJ/Broschuerenstelle/Pdf-Anlagen/PRM-24073-SR-Band-228,property=pdf,bereich=,sprache= de,rwb= true.pdf (zuletzt abgerufen am 7.5.2015).

11 Antje Asmus, Verband alleinerziehender Mütter und Väter Bundesverband e.V.: Statistische Informationen: Lebensform Alleinerziehen in Zahlen, Berlin 2012: http://www.vamv.de/fileadmin/user_upload/bund/ dokumente/Pressemitteilungen/Hintergrundinformationen/Statistik/ Alleinerziehende_in_Zahlen_mit_Header.pdf (zuletzt abgerufen am 7.5.2015).

12 Es ist schwierig, Kinderbücher zu finden, die von dem Muster abweichen: Frau und Mann sind ineinander verliebt, zeugen durch Sex ein
Kind und sind dann zusammen eine glückliche Familie. Schon für Fritzi
funktioniert das nicht so ganz. Eine Zeitlang soll ich deshalb mehrmals
pro Woche immer wieder die Geschichte von Liam, einem Kind mit
getrennten Eltern, aus dem Buch *Unsa Haus* von Ben Böttger, Rita Ma-
cedo und anderen vorlesen. Zur Beantwortung der Frage, wie die Babys
in den Bauch kommen, finde ich das Buch *Wie entsteht ein Baby?* von
Cory Silverberg und Fiona Smyth sehr empfehlenswert. Das Buch ver-
zichtet komplett auf Geschlechtszuschreibungen und auch auf die Darstellung und Beschreibung von Sexualität. Außerdem gefallen uns die
Bücher *Alles Familie! Vom Kind der neuen Freundin vom Bruder von
Papas früherer Frau und anderen Verwandten* von Alexandra Maxeiner
und Anke Kuhl, *Du gehörst dazu: Das Große Buch der Familien* von
Mary Hoffmann und Ros Asquith oder *Luzie Libero und der süße
Onkel* von Pija Lindenbaum.

13 Herausgegeben von Marina Rupp, abrufbar unter: http://www.bmjv.de/
SharedDocs/Downloads/DE/pdfs/Forschungsbericht_Die_Lebenssitua
tion_von_Kindern_in_gleichgeschlechtlichen_Lebenspartnerschaften.
pdf?__blob=publicationFile (zuletzt abgerufen am 7.5.2015).

14 Abrufbar unter: http://www.bmfsfj.de/RedaktionBMFSFJ/Abteilung2/
Pdf-Anlagen/Achter-familienbericht,property=pdf,bereich=bmfsfj,
sprache=de,rwb=true.pdf (zuletzt abgerufen am 7.5.2015).

15 World Health Organization: Unsafe abortion. Global and regional esti-
mates of the incidence of unsafe abortion and associated mortality in
2008 (http://whqlibdoc.who.int/publications/2011/9789241501118_eng.
pdf; zuletzt abgerufen am 7.5.2015).

16 Siehe hierzu den Artikel von Stefanie Ruep vom 16.2.2015: http://die-
standard.at/2000011670026/Ohne-Kinder-gluecklich-im-Alter (zuletzt
abgerufen am 7.5.2015).